MMUNICATION

W0264988

Eric BOUANCHEAUX ZUCKERMANDL

L'ART DE PARLER CONVAINCRE TOUCHER

EMBALLEZ VOTRE PUBLIC,
C'EST POUR TOUT DE SUITE !

corporate copyright
EDI PRO

L'éditeur veille à la fiabilité des informations publiées, lesquelles ne pourraient toutefois engager sa responsabilité.

Aucun extrait de cette publication ne peut être reproduit, introduit dans un système de récupération ou transféré électroniquement, mécaniquement, au moyen de photocopies ou sous toute autre forme, sans l'autorisation préalable écrite de l'éditeur.

Illustrations : Abel Clares

Éditeur responsable

Luca Venanzi
Edi.pro ©
Rue de la Province 15 à 4100 Seraing
Belgique

http://www.edipro.info

Tél. : 00.32.(0)4.344.50.88

© 2022, tous droits réservés

Imprimé en Belgique

ISBN : 978-2-87496-456-5
D/2022/8406/01

TABLE DES MATIÈRES

INTRODUCTION

"*Faut-y vous l'emballer ou c'est pour tout de suite ?*" Cette requête liée à l'acquisition d'une denrée périssable s'entendait couramment dans les commerces de centre-ville, jusqu'à l'invasion généralisée des hypermarchés. Une nouvelle phrase s'est alors substituée à la précédente. Elle a depuis connu un essor proportionnel à l'expansion des fastfoods franchisés : "***à consommer sur place ou à emporter ?***" Il en va de votre public comme d'un produit frais : vous l'emballez ou pas ; vous l'emportez ou pas.

Il en va de votre public comme d'un produit frais : vous l'emballez ou pas ; vous l'emportez ou pas

Par contre, pas d'alternative possible : ***si vous l'emballez, c'est pour tout de suite***, car votre audience ne vous accordera pas une seconde chance. Et si vous emportez votre public avec vous, c'est lui qui vous consomme et non le contraire ! Car le public d'aujourd'hui est tout sauf captif. Il tient les manettes. Il zappe au moindre sentiment de trop peu. Si, selon les circonstances, il peut parfois quitter physiquement les lieux, il les quittera toujours mentalement, car rien ni personne ne l'empêchera de mettre les voiles.

De fait, pour bien soutenir votre propos, vous devez commencer par bien vous soutenir vous-même. Traduction : vous préparer en conséquence. Donnez-vous les moyens, non seulement d'offrir l'information correctement (le fond) au public ; mais surtout de le gagner à vous (la forme). Osons le mot : séduisez-le. Certes, comme tous les arts, l'art oratoire réclame de la pratique. Il suffit pourtant de mettre en œuvre de simples notions de bon sens pour optimiser votre prestation et obtenir l'adhésion de la majorité.

Cet ouvrage vous offre les clés pour monter crescendo en puissance à la vitesse v, v' et v'', en travaillant respectivement le v-verbal, le v'-vocal et le v''-visuel. Le tout cadré en amont par une préparation stratégique, puis en aval par une implémentation de votre degré de sympathie. Et quelques bonus en prime. Très utile en ces temps de Grand Oral où, quel que soit le secteur d'activité, on exige de vous un maximum de présentations vitales à concocter en un minimum de temps. Alors mettez-vous aux fourneaux sans tarder ; c'est vous le chef !

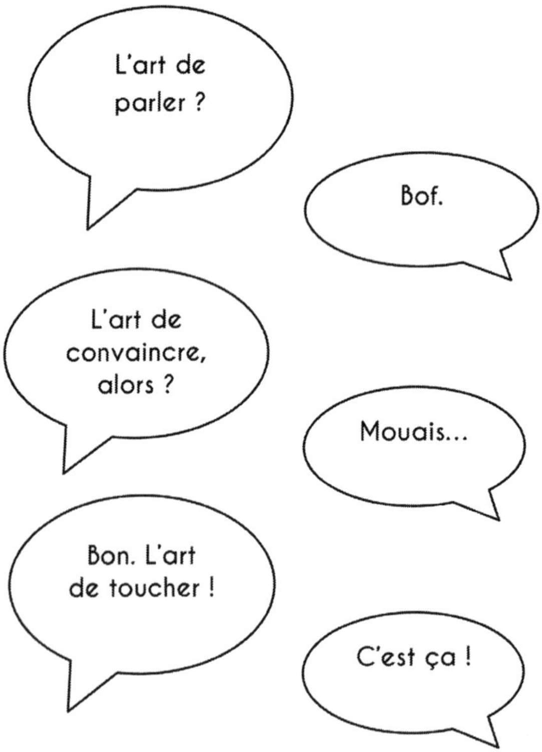

PRÉPARATION STRATÉGIQUE

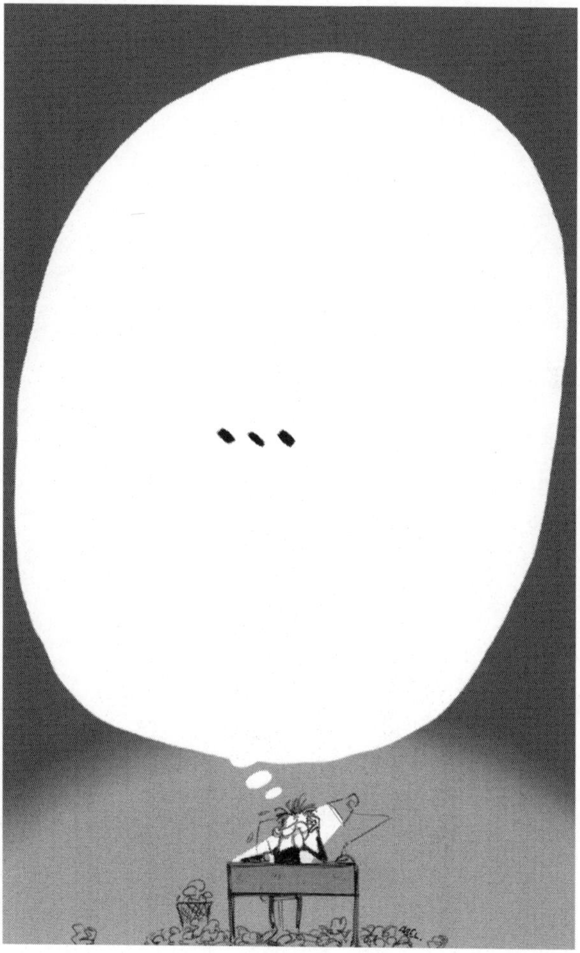

RECHERCHES ET JUSTIFICATION DES DÉCLARATIONS

La logique d'un exposé (oral) diffère de celle de sa rédaction. Cette nouvelle logique peut justifier la sélection de nouvelles recherches.

Avant de trouver les bonnes formules, commencer par se poser les bonnes questions… et y répondre pour ainsi éviter le piège du hors-sujet ou pire : du désintérêt.

QUOI

Collecter des renseignements avérés sur la thématique retenue. Pour cela, il faut beaucoup lire (*offline* et *online*) et sans doute interroger des personnes bien informées.

POURQUOI

S'appuyer sur des recherches fondées pour exposer des faits éprouvés adoucit le caractère subjectif d'une opinion et prédispose à accepter la totalité de l'exposé.

COMMENT

1. ***Familiarisez-vous avec la problématique***

   Avant de vous lancer corps et âme et tous azimuts dans une recherche à 360°, pensez plus que jamais à votre auditoire : que sait-il déjà ? Que doit-il savoir ? Puis, fixez-vous un objectif clair. Faut-il juste expliquer ? Ou bien réfuter ? Plus encore : convaincre ? Mieux encore : inciter à l'action ?

Attention, ***un renseignement doit servir de preuve. Il doit donc révéler le Pourquoi.*** Ne vous contentez surtout pas de détailler le Où, le Quand et le Comment.. Ensuite, à vous d'exercer votre génie en reliant (ou pas) les faits aux raisons d'adhérer au propos tenu.

2. ***Créez des dossiers et archivez-les bien***

   Repérez les informations susceptibles d'être exploitées ultérieurement. Soyez à l'affût quand vous consultez la presse. Coupez, collez, copiez, scannez, filmez ou enregistrez le renseignement. Notez et archivez la source : auteur (éventuellement éditeur ou média), date et titre de la recherche.

   Osez vous porter à la rencontre - et pas que virtuellement - des sachants. Rien ne remplace un face à face. Mettez votre réseau et celui de vos mentors (réfléchissez : vous en possédez sûrement) à contribution. Ils se rendent souvent disponibles pour vous aiguiller. Bref, ***conversez et conservez***.

3. ***Triez et dégagez le nec***

   Avant d'exploiter vos résultats, dégagez le superflu de l'utile servant directement votre cause. Demandez-vous : "*L'idée que je compte exploiter enrichit-elle vraiment la façon dont j'oriente le sujet ?*" Ou inversement : *"Même si cette idée est intrinsèquement valide, ne risque-t-elle pas de détourner l'attention du sujet ?"*

   Si vous vous appuyez sur des données ou des chiffres relatifs à des domaines très évolutifs comme les sciences et la médecine, assurez-vous de la fraîcheur de vos sources. Partez toujours des publications les plus récentes aux plus anciennes. Méfiez-vous des renseignements remontant à plus de 5 ans.

> Qui le (re)cherche le trouve !
> Comme un chien renifle un objet avant de partir en quête de son possesseur, flairez votre public avant d'aller à sa rencontre.

RIEN (D'INEXACT) À DÉCLARER ?

- ✓ Soyez factuel et vérifiez vos infos : ne vous contentez pas de répéter ce que vous avez simplement entendu ou lu.
- ✓ Anticipez la justification de tout propos et chiffres mentionnés. Prenez le temps de référencer les sources qui appuient vos affirmations.
- ✓ Assurez-vous de la récence et de la fiabilité de vos sources. Si vous avez des doutes, vérifiez ailleurs. Sans confirmation, laissez tomber.
- ✓ Vous n'êtes pas sûr de posséder tous les faits ? Résistez à l'envie d'élaborer une réponse. Mieux vaut exposer son ignorance que de voir son ignorance exposée.
- ✓ Simplifiez, oui, mais ne simplifiez pas à outrance. C'est compliqué de faire simple mais c'est très simple de faire simpliste. Ne jouez pas au populiste.
- ✓ Soyez précis. Les généralisations évasives ou trop tranchées desservent votre crédibilité : "*tout le monde / beaucoup / une majorité... pense que*" ; ou bien : "*toujours / jamais*", etc.

EN BREF

Posez-vous les bonnes questions à propos de votre thématique et des attentes (anticipées) du public ; et n'effectuez que des recherches dans le sens des réponses à ces questions.

Vérifiez l'exactitude des données chiffrées, des citations et des anecdotes. Préparez-vous ainsi à justifier toutes vos déclarations (sources identifiables, reconnues et les plus récentes possibles).

Utilisez vos sources quand vous êtes sollicité (pas la peine de toutes les donner). Quand vous y recourez, citez-les sans ostentation : n'en faites pas des tonnes, elles parlent d'elles-mêmes.

Résistez à l'envie de vous lancer dans un argument si vous n'en êtes pas si sûr et ne cherchez pas à citer des détails dont vous ne vous souvenez pas clairement.

ARCHITECTURE DE LA PRÉSENTATION

La rédaction et la soutenance d'un exposé poursuivent le même but : s'adapter aux canaux de réception du public quand il passe de lecteur à auditeur et spectateur.

La logique de votre développement oral sous-tend une adaptation de votre thématique écrite afin d'arriver à bon port sans perdre quiconque en route.

QUOI

Agencer et formuler ses idées en un plan succinct afin de clairement souligner, durant le déroulé, le rapport entre les conclusions à tirer et l'objectif final.

POURQUOI

Un plan de présentation cohérent aide l'assistance à mieux comprendre et retenir votre propos tandis qu'il suit le chemin que vous lui proposez d'emprunter.

COMMENT

Il existe diverses façons combinables d'agencer l'ordre logique d'un plan de présentation. Voici quelques possibilités :

1. ***Agencement par étapes***

   Il s'agit de découper la matière en plusieurs sections contribuant chacune à l'atteinte d'un objectif fixé. Cette construction d'arguments successifs distincts sert, soit à démontrer un point particulier, soit à démonter une croyance infondée. Bien que tous reliés à votre sujet, veillez à ajouter ou à supprimer une étape en fonction de votre public ou de l'effet souhaité.

2. ***Rapport de cause à effet***

   L'établissement d'une relation de cause à effet peut s'avérer appropriée si vous devez amener votre audience à réfléchir plus attentivement aux conséquences contrastées de telle attitude ou action plutôt que de telle autre. Débuter par l'effet avant les faits (partir de la réalité finale ou future pour remonter à sa source) peut produire son petit... effet, précisément.

Tel un GPS ou une carte, le plan de présentation propose un des chemins possibles pour rejoindre la même destination que le plan de rédaction.

3. ***Approche par contraste (problème / solution ; négatif / positif)***

   Soit votre audience possède la conscience d'une des deux prémisses (auquel cas la mentionner sans s'étendre suffira), soit il s'agit d'en établir la réalité. Là encore, une connaissance préalable de votre public vous permettra d'aborder efficacement cette approche pragmatique. Veillez à l'articulation entre les deux oppositions. Sinon, la conclusion que vous proposez risque de tomber à plat.

4. ***Ordre chronologique***

   La narration d'événements passés sur l'origine de certaines situations, tout comme l'anticipation d'événements à venir, se prêtent naturellement à un développement chronologique. Mais pourquoi devoir toujours débuter par le commencement ? Telle la saga *Star Wars*, il peut s'avérer astucieux de démarrer par un épisode captivant, voire par la fin ; et de tirer le fil narratif jusqu'au départ.

EN BREF

Adaptez votre thématique écrite à un développement oral afin d'arriver à bon port sans perdre quiconque en route.

Déterminez la route à emprunter (c'est-à-dire la succession de vos arguments) en tenant compte des compétences et réticences du public.

Demandez-vous en quoi votre plan de présentation renforce la cohérence et l'impact de votre propos et ajustez votre fenêtre de tir.

Vérifiez que votre logique à l'oral différenciée de votre logique à l'écrit facilite leur but commun : l'adhésion du public via ses canaux de réception respectifs : ouïe, vue et kinesthésie (vécu).

MISE EN RELIEF ANTI-PLATITUDE

Mettez du feu dans votre présentation ou jetez-la au feu. La mise en relief des points principaux doit soutenir les idées du plan et le rendre intéressant.

Il s'agit d'asseoir la logique et la crédibilité de votre plan de présentation et non de brièvement pimenter votre discours d'anecdotes croustillantes.

QUOI

Exposer le plan dans l'introduction et en rappeler l'un et l'autre aspects tout au long de la présentation, de l'une et l'autre manières.

POURQUOI

La mise en relief évite la monotonie, maintient l'attention, facilite la compréhension donc la mémorisation, donc l'acceptation ; et le cas échéant déclenche l'action.

COMMENT

Vos recherches préalables vous ont amené à sélectionner l'information et à l'agencer en un plan susceptible de convaincre le public tout en atteignant votre objectif final (deux chapitres précédents). Maintenant, comment se rendre à l'essentiel ?

1. *Limitez le nombre d'idées porteuses*

Votre propos doit toujours pouvoir dégager une impression de simplicité ; et ce n'est pas la grande quantité d'idées traitées qui servira ce dessein. De fait, seul un nombre limité d'informations contribue à votre succès à l'oral, quelle que soit leur complexité. Et plus une présentation dure (20, 30, 40 minutes ou plus), moins elle devra comporter de pensées essentielles : quatre ou cinq tout au plus.

Avec sa fronde, David a fait mouche du premier coup contre Goliath. Toutefois, avant sa "prestation", il avait préalablement pris soin de sélectionner 7 galets.

2. *Soulignez les points principaux*

Présentez vos preuves de façon à orienter toute l'attention des gens sur l'idée maîtresse. Résistez à l'envie d'aborder un point superficiel juste parce qu'il vous semble sensationnel. Tout point secondaire doit clairement indiquer son lien avec l'idée étayée. ***Ne laissez jamais au public le soin de deviner*** la relation entre les deux et le profit à en tirer. Pour renforcer la mémorisation de votre présentation :

- ✓ Si votre sujet s'y prête bien, énumérez les points principaux avant de progressivement les développer.
- ✓ Vous pouvez également choisir d'énoncer directement une idée maîtresse avant de détailler les arguments qui l'étayent.
- ✓ Vous pouvez enfin recourir au résumé progressif de chaque idée principale avant de procéder au résumé final.

3. *Valorisez le thème*

Tout comme un thème musical récurrent caractérise l'ensemble d'une composition musicale, rappelez régulièrement mais subtilement votre thème.

Valorisez votre discours aux yeux de tous et surtout aux oreilles de ceux qui la tendent : ne jouez pas au perroquet, à savoir la même répétition des mêmes mots.

Par exemple, la mélodie centrale d'une pièce symphonique réapparaît souvent sous une forme différente : ici une variation, là une mesure.

De même, offrez ici un synonyme et là une paraphrase ou un sous-entendu. Ces petites notes auront l'heur de placer votre public (sur) à votre portée. Autant de rappels qui aide… à se rappeler de vous.

EN BREF

Résistez à l'envie d'aborder un point superficiel juste parce que vous l'aimez. Tout point secondaire doit pouvoir prouver, clarifier ou amplifier le point principal.

Avant de retenir ce point secondaire qui vous plaît tant, demandez-vous 1) en quoi il contribue à atteindre votre objectif intermédiaire et 2) ce que sait déjà le public sur le sujet.

Classez vos arguments dans un ordre qui maintient et augmente l'attention crescendo. Cela facilite la compréhension et dégage un sérieux d'ensemble.

Valorisez votre discours aux oreilles de ceux qui la tendent en effectuant des rappels thématiques, sans jouer les perroquets. Ici, un synonyme ; là, une paraphrase.

CONSEIL : lisez votre plan à haute voix pour repérer à l'oreille où, dans votre discours, ajouter du relief et comment y parvenir.

FORMULATION LIMPIDE DES IDÉES

> Ce qui se conçoit bien ne s'énonce pas forcément clairement. Et quelquefois, les mots pour le dire n'arrivent tout simplement pas.

Formuler ses pensées nécessite d'"*avoir les idées claires*" : pour soi (un axiome) ; et surtout, pour notre public, un juge souvent impitoyable.

QUOI

Rendre toute déclaration compréhensible en s'exprimant de manière à ce que nos auditeurs en saisissent facilement le sens.

POURQUOI

A moins d'être fan ou groupie, personne n'accepte mentalement un propos émis - et le cas échéant en tire profit - sans l'avoir préalablement compris.

COMMENT

1. ***Des mots simples***

   À ce stade de votre lecture, vous avez déjà compris que c'est (très) compliqué de faire simple. Qu'est-ce qu'un mot simple ? Un mot qui *véhicule votre idée avec un minimum de biais.* À cette fin, employez 'avoir' et 'être' surtout pour ce qu'ils sont : des auxiliaires (donc au service d'un participe passé) et non des verbes (sauf dans le cas de phrases très courtes, comme "*c'est ça*" ou "*c'est vrai*").

Pareil pour les verbes fourre-tout usuels : faire, mettre, falloir ("*il faut savoir*"), pouvoir ("*on peut dire*"), aller ("*on va dire*"), etc. Remplacez-les par les verbes et expressions significatifs qui véhiculent précisément votre pensée. Cela s'appelle l'acribologie : le mot juste qui déclenche l'image mentale souhaitée. Pourquoi "*faire un calcul*" quand "*calculer*" (tout simplement) nous tend les bras ?

Exemples avec "je fais" :

✓ Quand "*faire*" se substitue au verbe *ad hoc* : "*Je fais*" > "*J'effectue ? je fabrique ? formule ? développe ? réalise ?*" Etc. Quand j'agis, quel verbe d'action décrit le mieux ma pensée ?

✓ Quand "*faire + substantif*" se substitue au verbe *ad hoc* : "*Je fais une opération, je fais un dossier…*" > "*J'exécute une opération*" ou "*J'opère*" ; "*Je monte / rédige un dossier…*"

Quid des mots et termes techniques ?

Fuyez le jargon abscons (type : "les-docteurs-parlent-aux-docteurs") sans toutefois rejeter LE terme technique *ad hoc*. Mais comment rester équilibré en retenant certains mots compliqués tout en évitant le patois professionnel ? En partant de votre public, souvent très hétéroclite, composé de personnes aux parcours divers.

Ne surestimez pas sa connaissance et ne sous-estimez jamais son intelligence !

À vous d'anticiper les termes peu ou pas connus et pour les faire passer, de doser entre l'une, l'autre ou la totalité de ces actions : Définir - Qualifier - Expliquer - Illustrer - Appliquer. Une astuce pour ménager les susceptibilités si vous n'êtes pas sûr de votre coup ? Insérez en début de phrase cette précaution : "*Comme vous le savez sans doute / probablement…*".

2. ***Des phrases courtes***

   Outre les mots, le sentiment de complexité naît aussi des longueurs de phrases, notamment gonflées en compléments de tous genres qui s'égrènent en chapelets de subordonnées relatives, circonstancielles et autres wagons que la locomotive-verbe peine à tirer.

   Sans toutefois hacher le propos, des phrases ramassées donnent l'impression de bien le maîtriser. Pour véhiculer de l'assurance, optez pour cette construction en trois points d'appui : (un) Sujet, (un) Verbe, (un) Complément. Éliminez aussi les superflus "*on peut voir (dire) que / il faut savoir...*".

   Si vous devez recourir aux subordonnées de lieu (où), de temps (quand), de circonstance, etc., placez-les plutôt au début ou à la fin du bloc sujet-verbe-complément sans le couper.

   - ✓ Mauvais exemple : "*Victor K qui est charpentier a créé en un mois à la mairie de Blois tout son mobilier.*"
   - ✓ Bon exemple, plus fluide et plus ramassé : "*A Blois, le charpentier Victor K a créé tout le mobilier de la mairie, en un mois.*" (Notez la ponctuation par rapport à la phrase précédente.)

3. ***Un style simple***

   Tout comme des phrases courtes confèrent de la tension au discours, un style simple contribue à vous faire comprendre (donc apprécier) plus aisément des autres. Ne les accablez pas de détails inutiles. Sélectionnez, classez et (ne) retenez (que) les matériaux qui viennent directement étayer vos points principaux.

Comme le courant électrique, pour que vos idées passent avec un maximum d'intensité, éliminez les résistances du fil conducteur de votre discours.

N'étouffez pas une idée porteuse sous une multitude de mots. Impossible de rendre un sujet compréhensible sans l'avoir au préalable dégraissé de toutes ses scories verbales : des mots-confort inutiles, appelés aussi facilités de langage, qui ne confortent que soi mais plombent la présentation et l'atmosphère. Exemples : "*alors*", "*en fait*", "*en effet*", "*de base*", "*voilà*", "*donc*", "*du coup*"...

EN BREF

Recourez aux mots qui véhiculent votre idée avec un minimum de perdition ; et à une construction de phrase ternaire : (un) Sujet - (un) Verbe - (un) Complément.

Ne troquez pas l'usage de verbes *ad hoc* contre des auxiliaires 'être' et 'avoir' ; et évitez les verbes vagues qui disent tout et surtout... ne disent rien.

Ne sous-estimez jamais l'intelligence du public mais ne surestimez pas non plus sa connaissance du sujet. À vous de l'anticiper puis d'adapter et de doser votre propos.

Au besoin, définissez, voire qualifiez, voire expliquez, voire illustrez, voire appliquez les concepts ou mots que vous jugez peu ou pas connus de votre assistance.

QUESTIONS DE PRINCIPE

Durant une prestation orale, afin de susciter, maintenir ou relancer l'intérêt, existe-t-il plus efficace que de poser une question ?

La question que vous posez et la façon dont vous la posez jouent directement sur votre présentation et son impact. Alors pourquoi s'en priver ?

QUOI

Sollicitation orale d'attention du récepteur et le cas échéant sollicitation d'une réponse (le plus souvent mentale quand elle précède la partie Q/R d'un débat).

POURQUOI

Les questions encouragent l'écoute active (donc, contrecarre l'écoute passive, antichambre de l'errance mentale – le très graphique *day-dreaming* en anglais). Elles aident à s'impliquer personnellement.

COMMENT

Que voulez-vous ?

1. ***Introduire une pensée clé ?***

   Pour enfoncer le clou de votre argument dans le crâne du ou des récepteurs, posez une question, même - et surtout - si elle pose question ("*pourquoi cette question ?*"). Piqués au vif, ils vous écouteront avec d'autant plus d'attention. Après la question, marquez une pause pour marquer le coup encore plus (effet conjugué éclair + tonnerre).

2. ***Amener à raisonner ?***

   Les questions invitent à réfléchir au sens que vous donnez à votre discours. Si le public n'est pas censé s'exprimer durant votre déroulé, il s'interroge mentalement, comme dans un dialogue. Si vous voulez illustrer votre démonstration, assortissez-là aussi d'une ou deux questions simples pour les aider à bien saisir votre logique.

3. ***Révéler une opinion ?***

   Le public vous *dira* rarement son ressenti ; en tous cas, pas avant la partie débat si elle est planifiée. Par contre, il peut vous le délivrer de manière non verbale (et désormais se lâcher sur les réseaux sociaux). Intelligemment posée, une question peut l'amener à se révéler à lui-même le sentiment qu'il porte à votre sujet, voire à rectifier son préjugé. Et vous pouvez le(s) *lire* sur son visage.

4. ***Relancer l'attention ?***

   Les questions relancent toujours l'attention. Durant votre soutenance, posez une question qui s'appuie sur l'affirmation qui la précède : "*que dire de... ? Qu'en est-il de...?*" Etc. Vous soulignez ainsi vos points principaux tout en maintenant un ton conversationnel. En général, ces questions n'appellent pas de réponses audibles.

La question est à l'exposé ce que le changement de plan est au cinéma : au moins une relance d'intérêt ; au plus une nouvelle étape narrative.

5. ***Réfuter un point de vue ?***

Affirmer pour convaincre constitue une piètre tactique surtout si elle s'attaque à une opinion courante. Tourner une déclaration en interrogation pour combattre un préjugé s'avère bien plus efficace car vous offrez au récepteur le soin d'y répondre en se prenant à témoin contre lui-même. Persistez ainsi si une étape "débat" doit s'engager.

EN BREF

Le recours aux questions encourage l'écoute active et (re)lance l'intérêt. Elles équivalent au changement de plan au cinéma, à la télé, en publicité ; ou au changement de scène au théâtre.

Les questions aident le public à mieux comprendre la logique des explications et le sens des affirmations ; et à en tirer les effets bénéfiques.

Avant d'énoncer votre pensée clé, vous efforcez-vous de poser une question qui aiguisera l'appétit de l'auditoire et le préparera à l'accueillir ?

Pour combattre les préjugés, tournez votre affirmation en question. Vous empêcherez le récepteur de vous la refuser vu qu'il apportera lui-même sa propre réponse.

INTRODUCTION APPÉTISSANTE

Si vous ne "*cassez*" pas "*la baraque*" dès le départ, c'est le public qui risque de "*se casser*", sinon physiquement, sûrement mentalement.

Le pic d'attention du public (n')atteint son paroxysme (qu')en début de présentation. Ensuite, sa concentration ne fait que s'évaporer. À vous de commencer haut et fort.

QUOI

Plus qu'un simple petit discours préliminaire préparant l'auditoire à recevoir les arguments, la pertinence de l'introduction doit surprendre et séduire votre assistance.

POURQUOI

Il n'existe pas deux chances de faire une première bonne impression. Votre entrée en matière détermine le degré d'attention que le public vous porte et vous portera.

COMMENT

Quand vous préparez votre entrée en matière, ayez à l'esprit les objectifs suivants :

1. obtenir toute l'attention du public ;
2. identifier clairement le sujet / le thème / la problématique ;
3. en indiquer les enjeux.

Il arrive de pouvoir satisfaire ces trois points simultanément. Cependant, le plus souvent vous les aborderez séparément.

1. *Captez l'attention de l'auditoire*

Le fait que le public soit réuni pour vous écouter ne signifie pas qu'il vous est favorable (surtout s'il est là gratuitement ou qu'il s'agit d'un jury). À vous de réussir l'exploit de capter et de retenir son attention. Comment ? Voici quelques possibilités, pour autant qu'elles se rapportent au sujet et à l'assistance :

✓ Une *actualité récente* (paradoxalement, on écoute mieux ce que l'on sait déjà) ; une *déclaration d'une autorité* (pour autant qu'elle soit reconnue par l'assistance) ou un *extrait de revue spécialisée* (à plus forte raison si elle obtient déjà le crédit du public).

Mais aussi :

✓ *Questions*

Voir le chapitre précédent. Attention à la bienséance, aux us et coutumes et au contexte culturel. Soyez créatif, flattez l'intelligence. Si vous donnez l'impression d'aborder ce que tout le monde sait déjà, l'intérêt va fondre comme neige au soleil. Après la question, marquez une brève pause pour instaurer le dialogue mental.

✓ *Tranches de vie*

Les anecdotes et les vécus apportent une vraie touche d'humanité, donc un rapprochement entre émetteur et récepteur(s). Attention toutefois que votre histoire ne vampirise pas votre thème (le public la mémorisant plutôt que la cause que vous défendez). Concise et vivante, ne la traînez pas non plus en longueur, sinon vous en saborderiez son effet.

✓ *Humour*

Pas d'humour, pas d'humanité. A néanmoins manier avec beaucoup de précaution. D'abord, exit l'humour avec un public inconnu de vous ou avec lequel aucune connivence n'a encore été établie. Votre "esprit fin" pourrait bien être jugé "pied-de-plomb". Savez-vous pourquoi il sera toujours plus facile d'être acteur dramatique qu'acteur comique ? Principalement parce que chacun rit pour une raison qui lui est propre tandis que tous pleurent pour des raisons similaires.

2. ***Identifiez bien le sujet***

   Voir chapitre 'Mise en relief anti-platitude'. Sans constituer une obligation, vous pouvez énoncer votre thème. En tous cas, il doit apparaître progressivement tandis que vous entamez l'exposé. Insinuez que vous allez dépasser les banalités ou les généralités (si c'est vrai), vos auditeurs vous écouteront d'autant plus attentivement, surtout si le canevas de la présentation est mentalement bien tissé.

L'introduction du discours correspond au "pop" du bouchon de champagne > une plaisante anticipation du contenu déclenchant une joyeuse réaction des convives : "Aaaah!"

3. ***Indiquez-en ses enjeux***

   À cette fin, le choix des mots s'avère primordial. Préparez très soigneusement les deux ou trois premières phrases, courtes et simples, donc percutantes. Voir chapitre 'Formulation limpide des pensées'. Vous voudrez peut-être les écrire sur vos fiches, non pas pour les lire mais pour augmenter votre assurance et garder (ou récupérer) votre sang-froid pour tout l'exposé.

EN BREF

Soyez créatif, flattez l'intelligence. Mais attention à la bienséance, aux us et coutumes et au contexte culturel. Evitez l'humour à moins d'être sûr de votre coup.

Débutez haut et fort. Le pic d'attention se place toujours en début de "parcours". Sans relance perpétuelle, elle ne fera ensuite que descendre.

Cherchez d'entrée à capter toute l'attention. Anticipez l'angle ou l'aspect du discours qui interpellera plus particulièrement votre auditoire.

Identifiez clairement la problématique / le thème / la cause et indiquez-en les enjeux ; que votre canevas soit clairement tissé. Et continuez de captiver.

CONCLUSION STIMULANTE

Un funambule ne négligera pas ses derniers pas au prétexte qu'il a effectué un sans-faute jusqu'ici. De même, ne laissez pas une conclusion bâclée tout gâcher.

Vous avez soigné votre entrée et votre déroulé ? Vous devez maintenant conclure avec style, sans rater votre sortie. Vos derniers mots doivent pouvoir marquer les esprits.

QUOI

La fin de la présentation résume ou synthétise la thématique et insiste sur les conséquences de la cause défendue, les leçons à tirer, les actions à entreprendre.

POURQUOI

Outre que la dernière impression marque durablement les mémoires, les derniers mots perdurent dans l'esprit des gens qui, pour beaucoup, vous jugeront à l'aune de votre péroraison.

COMMENT

Vous savez que votre exposé touche à sa fin ? Ce que vous dites et la façon dont vous le dites doivent alors subtilement le suggérer.

1. Reliez vos paroles de conclusion directement à votre objectif via les points principaux du thème développé. Le rappel de certains mots clés suffira.
2. Votre débit aussi doit suggérer la fin. Exprimez-vous sans précipitation jusqu'au bout. Préférez le ralentissement progressif au coup de frein brutal.
3. Pour autant, ne laissez pas votre voix s'éteindre comme une fin de chanson dont le volume diminue sur un refrain en boucle. Maintenez un bon niveau, sans excès.

La touche finale est à votre présentation ce que le bouquet final est au feu d'artifice : une apothéose, un cran au-dessus.

4. Mettez du sentiment. ***Vous avez* raisonné *avec votre public ? Faites-le* résonner**. Pour vibrer, sa motivation (l'émotionnel) doit supplanter sa raison (le rationnel).
5. Offrez vos dernières pensées sur une voix bien posée qui véhicule sincérité et conviction. A cet égard, anticipez votre conclusion en la répétant à voix haute.
6. N'annoncez jamais "*en conclusion*" ou "*pour finir*". Effet 'cloche de récré' garanti. Tout le monde remballe (au minimum, 'tire le rideau' mental) sans plus vous écouter.
7. Éliminez à jamais "*Voilà*", "*donc, voilà*" et le double épaulé/jeté "*voilà voilà*" de votre vocabulaire. Ces mots sonnent toujours comme un aveu de défaite : "*j'aurai voulu faire mieux mais je n'ai pas réussi.*"

La conclusion, quelle longueur ?

Elle ne dépend ni du temps qui reste (*Argh ! plus que 2 min. pour conclure !*) ni du temps imparti (*j'ai 1h40, donc je prends 10 minutes qui nous font 100*) ni d'une quelconque règle de trois (*si j'ai 30 minutes, j'en prends 5. Si j'ai 20 minutes, j'en prends 3, etc.*).

Pour autant, ne vous éternisez pas. N'amenez pas le public à piaffer d'impatience. Comme le cheval sent l'écurie, le public aussi doit sentir que vous atteignez avec logique le bout du périple.

Pourquoi aucun film ne vous signale qu'il se conclut dans cinq minutes ? Vous non plus ne prévenez jamais que vous allez bientôt (en) finir.

Une règle : ***partez de l'effet recherché pour déterminer le type et la longueur de conclusion la plus appropriée***.

EN BREF

Vous avez *raisonné* avec votre public ? Il est temps de le faire *résonner*. Dépeignez les conséquences tangibles et / ou positives de la cause que vous venez de défendre.

Pour le faire résonner, donc vibrer, vous devez aussi le pousser à l'action. Pour cela, il doit se sentir motivé. Plus facile si vous l'êtes aussi. Mettez-y du vôtre. "*Mouillez le maillot*" dirait un supporter.

Votre détermination motivera vos auditeurs. Vos outils ? Voix, mots et style verbal. Et éliminez "*voilà*" qui veut dire : "*c'est tout ce que j'ai pu faire. Je suis vidé, fini*".

Si possible, comme dans un récit avec son histoire et son dénouement, assurez-vous que la conclusion reflète (ou fasse écho à) l'introduction :

- ✓ dans le fond, en suivant le principe du : nous allons voir / nous avons vu ;
- ✓ dans la forme avec un même ressort créatif de départ et d'arrivée (voir chapitre précédent : capter l'attention).

FICHES RASSURANTES

> **Les fiches c'est comme les airbags : on est tellement content de les posséder pour ne jamais devoir s'en servir. Mais en cas d'accident ou d'incident de parcours...**

Beaucoup appréhendent de parler en n'utilisant que des fiches succinctes. Ils se sentent plus rassurés s'ils ont tout rédigé et/ou appris leur texte par cœur. ERREUR !

QUOI

Les fiches ne sont ni plus ni moins que l'architecture mentale de votre plan de présentation (voir chapitre dédié), cette fois découpé par unité de pensée (ou fiche).

POURQUOI

Votre exposé doit se dérouler de manière conversationnelle. Parlez comme au quotidien, avec naturel et sincérité, comme si vous improvisiez sans texte.

COMMENT

Comme la lecture d'un discours rédigé offre une garantie d'exactitude et de précision dans la formulation des phrases, vous ne voulez rien lâcher. Toutefois, si vous lisez votre texte en *live*, vous conversez avec vos feuilles (mortes) et non plus avec les gens (vivants). Du coup, vous aurez tôt fait de psalmodier une 'oraison funèbre' au point de tuer (d'endormir à tout le moins) ceux qui vous écout(ai)ent[1].

Si "*je me tue à vous le dire !*", imaginez la vitesse d'exécution si "*je me tue à vous le lire !*"[2]

Croyez cet axiome : "*quand on a le bon mot, on trouve la bonne phrase. Mais quand on a la phrase, on perd tous ses mots*". Dit autrement, à l'oral un seul mot clé posé sur votre fiche déclenchera la pensée à formuler, tandis qu'un texte entièrement rédigé vous bloquera totalement, à moins de le lire. Et si de plus vous jouez à "*Chéri-j'ai-rétréci-mes-feuilles* façon 'antisèche'"[3], vous ne parviendrez qu'à renforcer le phénomène.

1. *Préparez vos fiches*

Si vous tenez cet ouvrage en main, vous ne désirez sûrement pas jeter un sort à votre public, façon "Belle au bois dormant". Bien ! Nous avons vu combien le plan de présentation facilite l'organisation des points principaux à traiter. Maintenant, vous allez passer du format 'plan' au format 'fiches'. En voici la recette :

1. Fort de votre préparation en amont, couchez par écrit toute votre présentation. Corrigez votre texte, lissez-le (avec deux 's') et polissez-le. Comment ?
2. Relisez (avec un 's') puis sélectionnez et retenez les mots les plus simples sans altérer la force des pensées véhiculées.

---

1 Les plus musicalement cultivés des lecteurs savent ce que la célèbre chanson éponyme de Prévert réserve à ces "feuilles mortes". Ils peuvent du même coup prédire le sentiment général que leur prestation suscitera.

2 Le même Prévert conseillait : "*quand quelqu'un vous dit :* "je me tue à vous le dire", *laissez-le mourir...*"

3 *Copion* pour nos lecteurs belges, *cheat sheet* pour nos amis anglophones.

3. Maintenez toutefois les expressions-métier dédiées incontournables (voir chapitre 'Formulation limpide des pensées').
4. Laissez reposer environ une heure, puis relisez-vous. Vérifiez que vous possédez un texte dense et concis, sans redondances, jargon superflu ou termes imprononçables.
5. Rapportez dans la marge les mots et expressions clés (et non les phrases) qui synthétisent toute la pensée. Au besoin, reformulez-les en style télégraphique.

2. *Rédigez vos fiches*

Vous allez maintenant rassembler ces mots et expressions par groupe de pensées et les rédiger sur des fiches Bristol (environ une demi-feuille A5). Ne notez pas plus d'un argument[4] par fiche afin de préserver son unité. Voici cinq conseils utiles pour prévenir cinq crises de panique indépendantes de l'émoi du moment. (Voir exemple dans le Bonus 1 : mise en fiche)

1. N'écrivez qu'au recto pour ne jamais devoir retourner la fiche. Très utile en cas de "rembobinage" durant une partie Débat qui s'ensuit lorsqu'une question vous oblige à remonter dans vos notes.
2. Mais numérotez-les recto/verso pour rapidement les ramasser et facilement les reclasser si elles venaient à tomber. Cela arrive bien plus souvent qu'à l'accoutumée.
3. Reportez les mots et expressions clés en majuscules plutôt que minuscules. Plus lisibles, ils se décodent plus vite. Votre cerveau ne les lit pas, il les flashe, comme le texte d'une affiche.
4. Écrivez en noir sur fond blanc pour un maximum de contraste. Vous anticipez ainsi un faible éclairage, surtout s'il est tamisé pour privilégier vos diapositives.

---

4 Ou 'unité de pensée' ou 'ligne de raisonnement'.

5. Dans le tiers inférieur de la fiche, gardez un réservoir à idées - statistique, citation, exemple, anecdote, etc. - très utile en seconde partie : Q/R ou débat[5].

Résistez à l'envie de tout écrire. Des fiches rédigées au maximum en feront un minimum. Des fiches rédigées au minimum en feront un maximum.

3. *Manipulez vos fiches*

Impossible de convaincre sans conviction. Si vous adoptez la posture du 'je-parle-dans-ma-barbe-sans-jamais-décoller-le-nez-de-mes-fiches' façon 'Mur des Lamentations', vous y allez tout droit (dans le mur). Et si vous jouez à Mike Brandt dans "*c'est ma prière*", autrement dit si vous quémandez l'attention des autres, vous subirez le même sort[6].

Si vous pouvez vraiment vous passer de fiches, alors ne les prenez pas juste 'pour-les-tenir-à-la-main' histoire de vous donner de la contenance[7]. En général, un orateur talentueux n'a pas besoin de ce genre d'artifice. Si donc vous vous décidez pour des fiches, utilisez-les, c'est-à-dire jetez-y réellement un coup d'œil, de temps à autre.

Oui, mais comment s'y prendre, l'air de rien ? Après tout, vous devez maintenir au maximum (idéalement, ne jamais perdre) le contact visuel avec votre public. C'est vrai, difficile de conci-

---

5 Voir Introduction à la CommunicAction de Bouancheaux Zuckermandl et C&C Balestra aux éditions la Charte qui dessine la fiche telle qu'elle devrait être rédigée et manipulée (pp : 264-267).

6 Mike Brandt : 'étoile filante' de la variété française des années 70 mort en chutant de son balcon.

7 Quoique, cela peut se justifier lorsque vous devez vous battre avec un défaut d'élocution congénital ou une timidité maladive. Ainsi, un ancien étudiant particulièrement mal à l'aise à l'oral et pourtant devenu professeur universitaire d'Histoire puis orateur émérite m'a un jour confié qu'il continuait de tenir en main des fiches vierges (tant il maîtrisait son sujet !) car elles lui procuraient un sentiment magique d'assurance de soi.

lier les deux, de parler comme avec des amis en (re)gardant des fiches à la main. Quelles actions discrètes mener pour faire illusion ? Les voici :

1. Pas d'ostentation. À l'opposé de la moutarde, les fiches ne doivent jamais monter au nez ; ni le nez descendre aux fiches. Placez les mains à hauteur de taille façon 'Miss (ou Señor) Météo' ; les coudes décollés du corps. Ainsi, votre gestuelle 'bras' pourra s'animer et évoluer avec naturel.
2. Ne tenez jamais vos fiches à deux mains. Ça fait 'bouclier-pour-se-protéger-de-l'ennemi' avec deux conséquences néfastes : soit vous tombez dans la gestuelle '*c'est ma prière*', soit vous tombez dans la posture 'Calimero'[8], en victime des éléments et surtout du méchant public.
3. Moins visibles que si vous les tenez du bout des doigts (en éventail), maintenez bien vos fiches dans votre paume. Non seulement elles n'amplifieront pas le tremblement (visuel et sonore) de vos mains mais elles risqueront moins de s'envoler en un geste incontrôlé. Enfin, vous libérez votre gestuelle 'mains'.
4. Changez de main de temps en temps. Ça évite ou casse les mouvements mécaniques et les gestes saccadés. Et si vous faites un pas, faites-en quatre pour éviter l'effet 'lion en cage'. Un conseil ? Répétez tout en marchant. Et pensez à passer à la fiche suivante en cours d'exposé.
5. Flashez du regard sans vous faire voir. Vous utilisez des aides visuelles ? Comme un magicien détourne l'attention du public vers un leurre, attirez son attention, disons, vers un point de votre diaporama. Et dans l'intervalle, prenez une seconde pour jeter un coup d'œil furtif sur vos notes.

---

8 Célèbre héros de dessin animé des années 1960 et 1970. Vrai "Titi" (autre oisillon jaune et mutin) en négatif, le mantra le plus connu de ce poussin noir, plaintif et malchanceux, tient en 5 mots : "*c'est vraiment trop injuste !*"

6. Vous avez un trou de mémoire ? Vos fiches sont précisément là pour cela. Alors ne laissez pas le trac vous interdire d'y recourir. Dans le silence d'une inspiration (le public respirera avec vous), scannez des yeux votre fiche pour retrouver le fil de vos pensées. Une autre bonne raison de n'écrire qu'au recto.
7. En répétant, anticipez une tuile qui vous oblige à devoir réduire la durée de votre présentation, pour respecter un horaire dépassé par exemple. Isolez deux points éventuellement supprimables de votre discours, points éloignés l'un de l'autre[9]. Enfin, répétez en évitant le 'par cœur'[10] : concentrez-vous sur les idées maîtresses et les mots incontournables et non pas sur les phrases.

EN BREF

Les fiches "*ne s'usent que si l'on s'en sert*"... pas. Si vous les avez préparées dans les règles de l'art, vous devriez pouvoir vous en passer. C'est là qu'elles peuvent vous servir.

N'écrivez que des mots et expressions clés pour éviter l'effet 'récitation' (poème ou table de multiplication). Ces mots déclencheront les phrases à dire au bon moment.

Votre taille de lettre (typo) doit vous empêcher de baisser la tête pour lire vos fiches ou de les porter à vos yeux. Maintenez vos mains à hauteur de la taille.

Tenez vos fiches dans la paume de la main, jamais à deux mains (ça fait bouclier) et jamais du bout des doigts (ça fait éventail) ; et n'apprenez jamais pas cœur (ça fait 'corbeau et renard').

9 Car vous ne savez pas quand la tuile va tomber, au début de votre prestation ou plus tard. Peut-être même est-elle déjà tombée sur l'orateur précédent (dans le cadre d'un jury, d'un séminaire ou d'un cycle de conférences) mais c'est vous qui en faites les frais.

10 Voir note en bas de page N° 44.

VITESSE V : VERBAL POSITIF

POIDS DES MOTS

Chaque mot-outil possède son usage spécifique. Encore faut-il un bon artisan pour les manier avec soin de façon à créer un chef d'œuvre.

Il ne suffit pas d'être compréhensible, imagé et vivant. Un seul mot mal prononcé, mal adressé ou utilisé à mauvais escient peut vous ridiculiser.

QUOI

Le mot juste véhicule votre idée, avec le moins de distorsion possible, de votre cerveau vers celui de votre récepteur qui le comprend, le jauge, l'apprécie.

POURQUOI

Un vocabulaire enrichi marque l'imagination. Il parle aux cinq sens du (ou des) récepteur(s) et reflète le respect que vous lui portez. S'il est touché, il vous le rendra bien.

COMMENT

Trouver le mot juste réclame toujours un effort. Sauf trouble de la parole ou autre pathologie, les maladresses verbales trahissent souvent une paresse mentale.[11] Un vocabulaire étendu exige de 'se lever tôt', c'est-à-dire de s'y prendre bien à l'avance.

---

11 Voir chapitre 'élocution et prononciation correctes'.

1. ***Variez votre vocabulaire (quantité)***

Les mots ne manquent pas. Au lieu de toujours 'resservir les mêmes plats' quels que soient le lieu et les gens, recherchez la variété. Lorsque vous lisez un livre ou un article, notez le(s) mot(s) que vous saisissez mal et recherchez-en la définition. Vérifiez aussi la prononciation française parfois piégeuse, les synonymes et antonymes et enfin les contextes usuels où il(s) se place(nt).

Il existe aussi des dictionnaires analogiques indiquant les nuances de sens et les façons de le rendre. Prenez-en conscience, surtout pour des mots très proches[12]. Une expression précise renforce le propos et emporte davantage l'adhésion. Sans compter qu'elle évite de tomber dans le verbiage. Enfin, appliquez-vous à utiliser ces expressions dans des situations qui s'y prêtent bien.

2. ***Étoffez votre vocabulaire (qualité)***

Étoffer c'est donner de l'épaisseur. Nous avons vu le recours utile aux termes techniques *ad hoc* sans toutefois tomber dans le jargon pour le jargon. Car peu impressionné, le public risquerait de vous accuser mentalement de désuète tentative d'intimidation ou de copinage ("*je suis des vôtres*"). Quand le jargon obscurcit, donc éloigne, le raisonnement clarifie, donc rapproche. Votre choix ?

Jouez avec les nuances. Par exemple, ***soyez candide (franc) mais pas naïf (crédule)***. Revoyez le chapitre 'Formulation limpide des pensées' > 'mots simples'. Pour impressionner les esprits, privilégiez les mots précis et les phrases courtes et concises. Les expressions sobres se captent facilement. Variez toutefois la longueur de vos phrases pour éviter de tronçonner votre propos.

3. ***Affinez votre vocabulaire (pureté)***

Éliminez les scories. Et il y en a ! Le manuel ne suffirait pas à toutes les citer. Si certaines tombent vite dans la désuétude, de nouvelles apparaissent constamment. Sachez les repérer (il suffit de bien écouter les journalistes des chaînes d'info en continu, ils

12 Par exemple, quelle(s) nuance(s) entre efficace et efficient ; patient et longanime ; pleutre, lâche et pusillanime ?

en raffolent) pour mieux les éliminer. Voici un petit florilège de familles de scories cueillies au gré de soutenances orales, d'émissions télé/radio/diffusées et autres conférences :

- ✓ Grandiloquence : "*vous n'êtes pas sans savoir*", "*de grande renommée*", "*non négligeable*" ;
- ✓ Imprécision : " *intéressant / important / beaucoup*", "*pas mal / bien / beau*", "*...de qualité*" ;
- ✓ Liaison mal-t-à-propos : "*Huit, vingt, cent... z'euros ou z'héros. Trop... z'actif, etc.*" ;
- ✓ Politiquement correct (l'antre du "gros mot") : tous les acronymes qui atténuent la douleur que le mot porte (SDF, IVG, etc.), "*féminicide*", "*personne en situation de handicap*" ;
- ✓ Stéréotype : en général, tous les "*istes*" et les "*ismes*" pour qualifier un groupe. Exemples récents : "*rassuristes*", "*complotistes*" ;
- ✓ Subterfuge : "*machin*", "*truc*", "*super*-(mot), "*extra*-(mot)", "*méga*-(mot)", "*hyper*-(mot)" ;
- ✓ Tautologie : "*au jour d'aujourd'hui*", "*moi personnellement*", "*sûr et certain*", "*divers et variés*" ;
- ✓ Tic verbal : "*donc*", "*en fait*", "*en effet*", "*de base*", "*du coup*", "*voilà*"... le tout au carré !
- ✓ Trivialité : "*pris du plaisir*", "*que du bonheur*", "*j'ai envie de dire*", "*de par...*".

Vérifiez vos idiomes

Cela suppose déjà de s'interroger sur leur bien-fondé. Assurez-vous en (merci les moteurs de recherche). Si certains idiomes (*parler comme une vache espagnole*) éloignés de l'originel (*comme un basque l'espagnol*) ont fini par intégrer l'usage, personne n'exercera de clémence envers vous si vous rivalisez avec les perles de Jean-Claude Van Damme ou de Franck Ribéry.

Moins spectaculaires que "*redorer le blouson*" ou "*ni des lèvres ni des dents*", voici quelques barbarismes estudiantins corrigés ci-dessous :

- ✓ Mettre un pied (et non 'un pas') dans la profession (mais 'faire un pas' vers quelqu'un) ;
- ✓ Entrer (et non 'rentrer') en contact (car on 'rentre' pour la seconde fois) ;
- ✓ Mener un projet à bien ou à terme (et non 'à jour'. Mais il faut parfois le 'mettre à jour') ;
- ✓ Une tâche dont je me suis acquitté... (et non 'que je me suis acquitté...') ;
- ✓ Apprendre sur le tas (et non sur le terrain) : par soi-même, de façon aléatoire, sans guide pratique ;
- ✓ Une expérience de terrain (et non sur le tas) : en passant par le vécu, de la théorie à la pratique.

4. ***Pensez contexte***

   À différents moments de la journée, nous évoluons dans des contextes (ou bulles) différent(e)s : soit formel, soit informel, soit familier. Et ce contexte peut changer en un clin d'œil. Tel sympathique membre de jury devant la machine à café peut se métamorphoser en redoutable examinateur une fois la soutenance débutée, sans malice particulière de sa part, d'ailleurs. Ne vous laissez pas piéger.

   Ainsi, vous comprenez que tel mot circonstancié dans un cadre approprié peut provoquer un désastre dans un autre. Le choix de vos expressions dépend donc de l'environnement formel dans lequel vous évoluez. Selon les lieux et les gens, votre discours peut se dérouler de manière plus ou moins détendue. Mais il n'en reste pas moins formel. Un mot familier ici peut vite paraître choquant là.

5. ***Pensez Bescherelle***[13]

   Si vous savez ne pas savoir (toutes) les règles de grammaire, Confucius lui-même vous donne une raison d'espérer : "*celui qui sait qu'il ne sait pas, cela déjà est grand savoir.*" Alors, un doute sur votre syntaxe ? "*Non mais allô, quoi ?! Tu répètes et t'as pas ton Bescherelle ?*" Vous pouvez aussi approcher une autorité en la matière (soyez très rationnel dans votre choix, ne vous laissez pas tromper par son seul titre ou sa seule fonction).

13 Bible (donc culte) intergénérationnelle de la grammaire française éternelle. Les *digital natives* (natifs numériques pour les puristes) trouveront leur compte sur un moteur de recherche.

Le français n'est pas ma langue maternelle. Que faire, docteur ?

(réponse aussi applicable
à tous les francophones hors hexagone)

Un peu d'histoire : au breton de passage réclamant du pain (*bara*) et du vin (*guine*), l'aubergiste lui rétorquait : "*bara-guine-bara-guine, qu'est-ce que tu baraguines ?*"

Le grec 'barbaros', père des mots 'barbare' et 'berbère', désignait un 'étranger' dont la langue ('étrange') sonnait comme du "*bla-bla*" ou "*bar-bar*" aux oreilles grecques.

Dans les deux cas, notez bien le coupable en présence : l'émetteur ! Toujours ! Et ici, qui a le pouvoir ? Le récepteur. Conclusion : à tort ou à raison, si vous trébuchez, c'est de votre faute !

En tant qu'"étrange(r)", prenez les devants

Vous pouvez toujours consulter des dictionnaires et autres manuels. Si vous trouvez cela trop rébarbatif, privilégiez plutôt la lecture et l'écoute.

1. Notez les mots nouveaux, leur(s) sens et leur(s) champ(s) d'application. Placez-les le plus vite possible dans vos conversations pour mieux les mémoriser.
2. Quand vous écoutez ou que vous lisez, répétez mentalement les phrases comme si vous deviez instantanément les resservir à un voisin.
3. En lisant, notez le contexte, la structure des phrases et l'association des mots. Puis, modelez votre façon de parler sur ces exemples.
4. Demandez régulièrement (sans trop les lasser) à une sélection de proches de vous corriger sur la bonne façon d'exprimer telle ou telle pensée devant un public.

Avant de débuter votre prestation et selon les circonstances, peut-être pouvez-vous :

1. prévenir brièvement votre public : "*veuillez m'excuser, je risque d'écorcher certains mots à cause de ma maîtrise imparfaite de la langue*" ;
2. lui proposer : "*si vous trouvez que je manque de clarté sur un point, n'hésitez pas à me demander de repréciser ma pensée*".

Il s'abstiendra probablement. Toutefois, vous attirerez subtilement ses faveurs en lui témoignant du respect et surtout en le programmant sur le mode 'empathie' car, avouons-le, le public français - de France - ne maîtrise probablement qu'une langue... le français.

Un mot fonctionne comme un interrupteur sur le cerveau d'un interlocuteur : OFF/FERMÉ s'il est jugé mauvais ; ON/OUVERT s'il est jugé bon.

Prenez pour habitude de systématiquement châtier votre langage en tout contexte (in)formel. Avec le temps et surtout le moment venu, les bons mots et expressions vous viendront spontanément à l'esprit et aux lèvres. Mais si vous vous complaisez dans un vocabulaire, un style et une syntaxe relâchés, n'espérez pas 'chasser le naturel' le jour 'J' (celui de votre prestation).

EN BREF

Notez les mots qui vous interpellent, leur(s) sens et leur champ d'application. Placez-les le plus possible dans vos conversations pour rapidement les assimiler.

Variez votre vocabulaire (quantité). Étoffez-le (qualité) et affinez-le (pureté). Employez le bon mot au bon endroit au bon moment.

Un jargon hors contexte ferme les esprits. Il vous éloigne de vos interlocuteurs. Un raisonnement clair ouvre les esprits. Il vous en rapproche.

Pensez contexte et pensez Bescherelle (ou un autre manuel). Et vérifiez bien vos idiomes. Ne poussez pas le public à soupirer : "*si j'aurais su, j'aurais pas v'nu*"[14]

14 Sic la fameuse réplique de 'P'tit Gibus' dans "La guerre des boutons".

DICTION & INSPIRATION

Vous avez les mots ? Encore faut-il que vos organes vocaux (et le reste) vous suivent. Une diction pas trop affectée mais soignée réclame... du soin.

Pour les plus jeunes des lecteurs de ce manuel, vous parlez depuis deux bonnes décennies. Pour autant, posséder une diction exacte et intelligible demeure un art difficile à manier.

QUOI

Parler implique d'articuler distinctement les mots et les liaisons, le tout sur un ton naturel ; et de respecter la ponctuation, c'est-à-dire de respirer à bon escient.

POURQUOI

Les mots sont la pensée de l'émetteur traduite en décibels. Une bonne diction favorise la compréhension et souligne l'intelligence de celui qui s'exprime.

COMMENT

1. ***Appropriez-vous votre texte***

   Comme nous l'avons déjà exprimé en amont, ce qui se conçoit bien ne s'énonce pas forcément clairement. Comme la lecture réclame au cerveau moins d'efforts, reconnaissons que l'on se trompe moins en lisant une prose qu'en construisant un texte que nous énonçons au fur et à mesure que surgissent nos pensées. Toutefois, lire devant son public est une fausse bonne idée.

Nous avons déjà évoqué à quel point lire un texte à quelqu'un offre les vertus du meilleur somnifère. N'était-ce pas là le but inavoué de vos parents lorsqu'ils vous lisaient une histoire le soir ? Peu de gens aiment se plonger dans la lecture ; alors imaginez-vous 'faire la lecture' à un auditoire qui ne l'a pas choisi ! Et avec un accent récité en prime ?! Quelle horreur !

Unique exception, si vous citez une autorité servant votre propos. Là aussi, privilégiez la brièveté. Sinon, résolvez-vous à formuler vos pensées de manière impromptue. Cependant, même à l'aide de fiches, l'exercice vous rendra plus sujet à vous reprendre, à hésiter, à trébucher, voire à légèrement bégayer. Chercher un peu ses mots "*fait naturel*", non récité. Trop, bonjour les dégâts.

Comme une diction fautive pervertit rapidement le sens de la phrase, commencez par bien posséder votre texte (attention, pas 'par cœur' - revoir chapitre 'Fiches rassurantes') donc par bien vous préparer. Puis, prononcez et articulez de manière conversationnelle tous les mots et toutes les expressions clés incontournables. Par conséquent, cela réclame de la répétition.

2. *Respectez le régime de votre moteur*

Comment cela ? En inspirant correctement. Car le moteur qui vous permet de suivre votre parcours (dérouler votre discours), c'est le système cœur-poumons. Et l'air son carburant. Cette mécanique doit bien ronronner. Et pour bien l'huiler, utilisez les signes de ponctuation. Ils existent pour vous indiquer où respirer et quel ton de voix adopter. Voici les deux principales bonnes conduites :

- ✓ La *virgule* > pause *éventuelle* pour inspirer (en termes de 'conduite', l'équivalent du panneau 'Céder le passage') ;
- ✓ Le *point* (panneau Stop). Pause *obligatoire* pour infléchir le ton et le cas échéant, compléter l'expiration puis inspirer avant de reprendre la parole.

Entre le public et soi, c'est "*à la vie à la mort*" > J'inspire : je pense, donc je suis (inspiré). J'expire : je parle à bout de souffle, jusqu'au point final.

Notons également que les signes de ponctuation rehaussent ou pervertissent (si utilisés à mauvais escient) le sens d'une phrase. Constatez par vous-mêmes avec cette sentence sibylline : "*Le prof dit l'élève est stupide !*" Que comprenez-vous ?

1. *Le prof dit : l'élève est stupide !*

Ou bien :

2. *Le prof, dit l'élève, est stupide !*

Le sens dépendra sans doute de votre statut de prof ou d'élève, ou de votre souvenir ☺. Idem, une phrase interrogative peut devenir déclarative ou son sens totalement s'obscurcir si les accents et autres caractères diacritiques - même muets - ne sont pas respectés (voir tableau ci-dessous). Par exemple, imaginez confondre 'où' et 'ou' ; 'sur' et 'sûr' ; 'tache' et 'tâche'...[15]

Quoi qu'il en soit, pas de secret : une bonne diction réclame de la pratique (voir aussi le chapitre 'Bonne élocution et Prononciation correcte'). Prononcez une ligne de pensées, puis reprenez-la encore et encore jusqu'à l'obtention d'une totale fluidité. Passez alors au groupe de pensées suivant. Vous trouverez très utile de demander à quelqu'un de vous écouter et de vous corriger.

15 Ou bien 'presse-papier' et 'presse papier' ; 'laissez passer' et 'laissez-passer' ; 'peut être' et 'peut-être' ; 'ferme, là' et 'ferme-la'. Etc.

RESPIREZ ! NE RESPIREZ PLUS ! PARLEZ ... RESPIREZ A NOUVEAU

- ✓ Le ***point*** {.} marque une pause obligatoire qui dure. Vous devez inspirer ici et maintenant.
- ✓ La ***virgule*** {,} marque une pause facultative d'inspiration de courte durée car la phrase se poursuit.
- ✓ Les ***deux points*** {:} introduisent une énumération ou une citation. Marquer une pause sans baisser le ton.
- ✓ Le ***point-virgule*** {;} marque une pause d'une durée intermédiaire entre la virgule et le point.
- ✓ Le ***point d'interrogation*** {?} exige une fin de phrase sur un ton légèrement et graduellement plus haut.
- ✓ Le ***point d'exclamation*** {!} marque une vive émotion. S'ensuit une pause inspirée.
- ✓ Les ***guillemets*** {«», "" ou ''} souvent accompagnées du geste visuel hérité des anglo-saxons, isolent les mots ainsi ponctués par des pauses (très légères s'ils font partie de la phrase en cours, plus marquées s'il s'agit d'une phrase complète).
- ✓ Le ***tiret*** {-}, utilisé pour séparer quelques mots du reste du texte, appelle généralement un léger changement de ton ou de rythme.
- ✓ Les ***parenthèses*** {()} peuvent servir à séparer des mots devant être lus sur un ton légèrement plus bas. Quand elles ne renferment qu'une référence, ne pas les lire.

EN BREF

La parole, c'est de la pensée codée en décibels. Travaillez votre son pour qu'il se décode en pensée identique chez le récepteur.

Vous avez les pensées et les mots pour les exprimer ? Travaillez maintenant votre expression verbale : intelligible, claire, distincte.

Lorsque vous pratiquez, demandez à quelqu'un de vous signaler vos fautes de style, de syntaxe et autre bévue ; ou livrez-vous à l'exercice impitoyable de l'enregistrement.

Respectez toutes les ponctuations. Ça veut dire :

1. inspirez uniquement une fois arrivé à leur hauteur, *jamais* ailleurs dans la phrase.
2. appliquez le ton qui y correspond. On doit pouvoir entendre les , . ; : «» () ? ! et - -

ÉLOCUTION ET PRONONCIATION CORRECTES

Articuler réclame un effort physique. Or, une certaine paresse maxillaire se développe de plus en plus et beaucoup escamotent les mots et les syllabes.

En parlant, avez-vous l'impression que votre visage reste figé ? Si oui, fort probable que votre élocution souffre et par conséquent les oreilles du public aussi. Que faire ?

QUOI

Énoncer et articuler les mots sans affectation pour ne pas faire précieux et sans ostentation pour ne pas faire débile (ou donner l'impression que les autres le sont).

POURQUOI

Vous favorisez la compréhension du / et la concentration sur / le message. Par ailleurs, une bonne diction vous confère de la dignité et du sérieux.

COMMENT

Une diction pondérée sous-entend une bonne compréhension de la structure - et une bonne maîtrise - des organes de la parole et des muscles de la mâchoire.

1. ***Au plan anatomique :***

   La langue n'est pas le seul organe de la parole. Le cou, la mâchoire inférieure, les lèvres, les muscles du visage et de la gorge jouent tous un rôle dans la parole. Parfois, des lèvres peu mobiles ou trop tendues et des muscles de mâchoire trop raides contribuent à étouffer la voix et manger les mots ou escamoter leurs syllabes, voire à 'parler dans les dents' ou de manière étouffée ou rêche.

   Relâchez la tension des muscles du visage ; au besoin effectuez préalablement des exercices d'étirement des mâchoires. Ouvrez suffisamment la bouche en parlant. Pensez à réduire le débit si vous parlez trop vite et augmenter le volume si vous parlez trop bas. Apprenez à garder la tête haute et à lever le menton. Maintenez toutefois le naturel en évitant un air détaché ou un ton trop pédant.

2. ***Au plan mental et intellectuel :***

   Puisque trop de tension gêne la respiration, la maîtrise et la coordination harmonieuse des pensées et des organes de la parole, apprenez à vous détendre. Une mâchoire relâchée réagit tout de suite aux instructions mentales. De même, des lèvres détendues s'avancent ou se rétractent plus facilement pour donner la touche finale aux nombreux sons de bouche ou de gorge.

   Pour mieux saisir et mémoriser la structure de certains mots, un peu d'étymologie et de sémantique ne nuira à personne. Contrairement à l'espagnol, le français ne suit pas de règles cohérentes[16]. Ainsi, une même lettre – ou un même groupe de lettres – pourra se prononcer de plusieurs façons, voire ne pas se prononcer du tout. Exemple homographe : " en m*ars*, mes g*ars* font la tournée des b*ars*"[17].

16 L'anglais fait pire. En plus, vous devez aussi marquer l'accent tonique sur les bonnes syllabes. Pas gagné !

17 Inversement, un même son pourra s'orthographier différemment. Exemples homophones non homographes > voici mon *vers* : le *ver vert* va du *verre* au *vair*. Notez enfin que *vers* (poésie) et *vers* (direction) sont homographes ET homophones. Enfin, citons les mots polysémiques. Si je dis *timbre*, quel mot induit-il : enveloppe, vélo, chant ?

Comme une faute d'orthographe dans un écrit, une faute d'élocution dans un discours correspond à un feu rouge sur une autoroute. Vous imaginez le désas' ?

POUR UNE PRONONCIATION CORRECTE

- ✓ Vérifiez la phonétique des mots (des dictionnaires en ligne offre d'entendre la bonne prononciation). Prononcez le mot plusieurs fois avant de poursuivre.
- ✓ Prononcez bien tous les sons des mots, y compris les mots anglais maintenus en français[18]. Attention aux caractères accentués (é, è, etc., qui changent la donne).
- ✓ Notez les mots souvent écorchés et révisez-les. Par exemple, on dit *patio* et non '*passio*' ; 'infarctus' et non 'infractus'. Gageure rime avec culture et non pas avec erreur (c'en serait une).
- ✓ Attention aux liaisons fautives, vieillies ou trop affectées. Ce serait la fin des *z'*haricots. Et (petit rappel) gare aux pataquès dont les fameux : 8, 20, 100 *z'*euros.
- ✓ Exit les sons fantômes. Par exemple, certains ajoutent des 'e' imaginaires aux mots. Ainsi, le "*pneu-e*" parisien contre le "*peneu*" marseillais.
- ✓ Demandez à quelqu'un qui maîtrise bien la langue de corriger vos fautes. Exercez-vous en répétant à voix haute.
- ✓ Mieux, enregistrez-vous puis écoutez-vous. Ce test impitoyable permet de conscientiser les fautes et tics verbaux souvent ignorés de vous-mêmes.

18 En France, les présentateurs TV sont spécialistes de ce jeu de massacre. Choisissez votre camp : soit vous prononcez tout à la française soit vous prononcez tout à l'anglaise, auquel cas jouez le jeu à fond.

EN BREF

Recourez au dictionnaire pour vérifier la sémantique, l'étymologie, la bonne orthographe, la bonne prononciation et la bonne préposition qui accompagne le mot.

Exercez-vous à détendre votre cou, vos mâchoires, vos lèvres ainsi que les muscles de votre visage et de votre gorge.

Ouvrez suffisamment la bouche, énoncez clairement les mots en articulant bien, avec un débit raisonnable et un volume suffisant.

Déliez suffisamment (mais sans affectation) les expressions de manière à vous faire immédiatement comprendre.

FLUIDITÉ DE L'EXPRESSION

Certains ne peuvent s'empêcher de trébucher ou de s'interrompre pour soit se reprendre, soit répéter leur phrase, soit encore en débuter une nouvelle.

Certains orateurs hésitent constamment, cherchent leurs mots et parlent de manière saccadée. Ils ont le don de provoquer une profonde lassitude.

QUOI

La fluidité de l'expression découle d'un bon esprit de synthèse. Elle décrit l'enchaînement des idées, donc des mots, en un flux régulier. Comme une rivière.

POURQUOI

Captiver, c'est capturer... et ***maintenir captif***, de gré. Une expression fluide contribue à maintenir l'attention du public en l'aidant à suivre le cours de votre défense orale.

COMMENT

Attention ! Combien d'enseignants à l'élocution correcte mais monotone ont tourné leurs élèves en un long fleuve tranquille suivant le cours de(puis) son lit. Ne favorisez pas son assoupissement. Bouillonnez, comme un torrent.

1. *Des barrages à rompre*

D'abord, il convient d'isoler les facteurs qui nuisent à la fluidité. Le plus souvent, la logique fait défaut en amont du discours, lors de sa préparation. En voici plusieurs raisons :

- ✓ Un *manque de culture générale*, d'où :
  a. Un vocabulaire limité, et/ou…
  b. L'ignorance de règles de grammaire
- ✓ Un *manque de préparation*, d'où :
  a. Un mauvais enchaînement des idées, et pour combler cette lacune…
  b. Trop de mots appuyés.

OUI MAIS JE SUIS BÈGUE

Si les bègues le sont à vie, beaucoup ont toutefois appris à le cacher… à vie. Certains personnages politiques actuels d'avant-plan sont bègues et vous ne le savez pas (non, je ne suis pas un délateur). Plusieurs thérapies efficaces existent désormais. Avec une clé commune : la persévérance dans l'effort. Sachez cependant que telle thérapie fonctionnera mieux chez l'un que chez l'autre.

Absorbez-vous dans votre défense orale et repérez les mots qui déclenchent votre bégaiement. Apprenez leur synonyme et recourez-y. Plus que les mots, certains préfèrent identifier les sons déclencheurs et constamment s'entraîner à les prononcer ; ou bien à les éviter, là encore en substituant par un synonyme le mot au son problématique. L'un n'empêche pas l'autre.

En cas de bégaiement, efforcez-vous de garder une voix et des gestes calmes. Le stress accentue les symptômes. Et même si vous trébuchez, perdre une bataille n'est pas perdre la guerre. Le Roi George VI d'Angleterre en est l'incarnation vivante (il l'a gagnée - la guerre). Pourquoi ne pas vous encourager en visionnant le film qui retrace son épopée oratoire (Le discours du Roi) ?

2. *Des écueils à éviter*

- ✓ Le ***discours en escalier***. Malgré un débit correct, certains évoquent une idée pour s'interrompre en plein milieu de phrase et démarrer sur une autre idée qui elle-même sera abandonnée au profit d'une autre, etc. Cette digression insupportable fait décrocher le plus persévérant des auditeurs. Apprenez à formuler d'une traite l'unité sujet-verbe-complément.
- ✓ Les ***tics de langage***. Beaucoup commencent ou parsèment leurs phrases de sempiternels "*donc*", "*donc alors*", "*eh bien*", "*voilà*", "*et... euh...*" ou ponctuent chaque affirmation par "*hein ?*", "*OK ?*", "*d'accord ?*", "*n'est-ce pas ?*" Vous croyez en souffrir ? Demandez à quelqu'un de vous aider à les repérer. Une fois identifiés, la pratique en aura raison.
- ✓ L'***accent du journaliste***. Quand leur discours se déroule devant un large public, certains orateurs sans doute impressionnés se sentent poussés à adopter un ton grandiloquent totalement dénué de sincérité, comme certains politiciens ou journalistes dans les documentaires TV. Le public risque de les zapper comme tout bon téléspectateur qui se respecte.

Bien saisir les nuances de son débit et de l'effet produit : rivière versus torrent ; torrent versus fleuve ; fleuve versus raz de marée.

POUR QUE ÇA COULE DE SOURCE

- ✓ Lisez régulièrement à voix haute pour gagner en fluidité. Notez les mots difficiles, prononcez-les plusieurs fois de suite.

- ✓ Délimitez soigneusement les groupes de sens. Vous pouvez juger utile de les isoler dans le texte avec des *slashs* (barre oblique).

- ✓ Exercez-vous à réfléchir aux idées à formuler en inspirant, puis à les verbaliser, forcément en expirant. Deuxième "effet *kiss cool*", vous éliminerez vos "euh".

- ✓ Prenez votre temps. Efforcez-vous d'exprimer entièrement une pensée, sans la tronquer et sans permuter brusquement sur une autre proposition.

- ✓ Se concentrer sur les mots plutôt que sur les idées est anxiogène. Par conséquent, apprendre par cœur se révèle contreproductif (voir note en bas de page n°44).

- ✓ En pratique : ne sélectionnez à l'avance que les mots clés et/ou plus élaborés qui portent exactement l'idée maîtresse du concept à formuler.

EN BREF

Plus vous enrichissez votre vocabulaire, plus votre aiderez votre cerveau à déterminer la meilleure formulation des pensées. Décidez d'être étudiant toute votre vie.

Augmentez sans cesse votre culture générale. Lisez, lisez, lisez. Repérez les mots nouveaux, cherchez-en le sens exact, puis incorporez-les dans votre vocabulaire.

Déterminez soigneusement les groupes de sens ou unités de pensées ; et les façons dont ils/elles s'articulent. Optimisez l'enchaînement des idées.

Dans vos conversations, apprenez à conceptualiser en inspirant, puis dans l'expiration à formuler le concept en phrases complètes (sujet-verbe-complément).

RÉPÉTITIONS SUBTILES

> La répétition est le meilleur ami de la mémoire !
> De la mémoire, la répétition est le meilleur ami !
> Le meilleur ami de la mémoire est la répétition !

Non seulement votre discours doit susciter l'intérêt mais il doit aussi sortir du lot car le cas échéant, plus les présentations se succèdent, plus l'attention du public s'émousse.

QUOI

Sans jouer les perroquets, donc sans lasser, mentionnez plusieurs fois les points essentiels de votre sujet ou revenez dessus sous un angle d'approche différent.

POURQUOI

Vous renforcez l'attention du public, la compréhension et la rétention du sujet ; et la cause que vous défendez. Vous marquez et imprégnez les esprits ; et votre discours apparaît bien construit.

COMMENT

Commencez par choisir soigneusement les pensées méritant une mise en relief. Nous l'avons dit, marteler le point fort avec les mêmes termes atteint très vite ses limites. Pour ne pas verser dans l'insistance contreproductive, l'art consiste à adapter le fond dans sa forme. Comment ? Voici l'un ou l'autre moyen à votre disposition :

1. ***Énoncez succinctement les points principaux*** dès l'entrée en matière, au besoin en les numérotant ("*premièrement, deuxièmement, troisièmement*, etc.") ;
2. ***Enrichissez l'une ou l'autre idée maîtresse*** durant votre développement, avec une explication, un détail ou une comparaison ;
3. ***Tirez-en une application*** ou citez un court exemple pour illustrer ce point clé ;
4. ***Tournez une déclaration essentielle en question*** de réflexion (question rhétorique) ;
5. ***Effectuez des résumés progressifs*** ;
6. ***Revenez sur vos points principaux*** en conclusion :
   - ✓ en *dégageant* un contraste,
   - ✓ en *répondant* à une question préalablement posée,
   - ✓ en *évoquant* une solution,
   - ✓ en *anticipant* une évolution.

Répéter un joyau de la pensée revient à photographier un même diamant sous toutes ses facettes. Toujours le même objet, jamais la même vue.

Enfin, tout du long de votre présentation, maintenez au maximum le contact visuel afin de vérifier que tous ont saisi l'idée et qu'ils l'ont mentalement validée. Leur expression faciale vous avertira d'un désaccord. À vous de déterminer si vous le laissez passer ou si vous le traitez ; auquel cas, revenez sur ce point soit tout de suite soit plus tard dans votre déroulé mais n'attendez pas la partie débat si elle est planifiée.

EN BREF

Exit le perroquet ou le *monkey-see-monkey-do*. La répétition consiste à subtilement revenir sur un point important sous un angle différent.

Tout comme un fluide prend la forme de son contenant, adaptez la forme de votre contenu pour le resservir au public, sans le lasser ni l'irriter.

Recyclez vos points principaux en appliquant une ou plusieurs méthodes propres à votre introduction, votre développement et votre conclusion[19].

Maintenez le contact visuel pour effectuer un suivi mental de votre assistance, constater s'il demeure en phase avec vous ou non ; et décider d'agir en conséquence (ou pas).

19 Voir aussi le chapitre 'Mise en relief anti-platitude'.

DISCOURS ATTIRANT

Un plat appétissant n'est pas forcément nourrissant et vice versa. L'intérêt pour votre présentation ne dépend donc pas (que) de l'intérêt pour la matière.

L'appétit s'éveille et s'aiguise. En outre, s'il vient parfois en mangeant, il se perd toujours en mangeant. Ne laissez pas votre public sur sa faim et (pire encore) ne le gavez pas non plus.

QUOI

Attirant : qui exerce un attrait. Oui mais attrayant ou attractif ? D'où la compréhension des nuances. Public penché en avant ? Sujet attractif. Public qui sourit ? Sujet attrayant.

POURQUOI

À contenu nutritif égal, le public choisira le plus goûteux des deux menus. Mais s'il le juge insipide ou tiède, il mettra les pieds dans le plat ou quittera (mentalement sinon physiquement) la table.

COMMENT

1. ***Attirez par des questions***

   Les aides visuelles (voir 'Visuel positif') consistent essentiellement à vous rendre attirant. Dans le cadre du 'Verbal positif', vos propos doivent séduire votre public. Votre plan de présentation a permis de dégager les réponses aux questions qui, où, quand, comment et surtout pourquoi ? Alors, n'hésitez pas à en poser quelques-unes avant de marquer une pause et d'y répondre en poursuivant.

2. ***Attirez par du 'nouveau'***

Vous êtes rompu au discours des lessiviers où la poudre lave toujours plus blanc ? Vous avez donc intégré que la nouveauté se joue plus dans la forme que dans le fond. Appliquez à l'oral ce principe publicitaire en stimulant votre créativité[20] pour aborder de manière novatrice une facette de votre exposé, un peu comme si l'on découvrait un passage secret entre deux pièces bien connues d'une bâtisse.

3. ***Attirez par la rhétorique***

Il existe des centaines de figures de style et de mots dont les noms parfois barbares (ex. : litote, oxymore, antonomase...) cachent une douce simplicité.[21] La rhétorique consiste à séduire en codifiant le discours pour aplanir les oppositions. Elle met les questions qui fâchent sous le tapis plutôt que sur la table pour amener les interlocuteurs sur un terrain d'entente cordiale[22].

Le tact et la subtilité assaisonnent vos propos comme le sel et les épices un plat nourrissant. Ils rehaussent le goût et décuple l'appétit.

4. ***Attirez par la diplomatie***

Face à une opposition marquée, vous n'avez pas à 'vous coucher' si vous êtes sûr du bon droit de votre cause. Mais une opinion tranchée ou dogmatique risque de vous aliéner votre auditoire. Reconnaissez-

---

20 Pour développer votre créativité, voir le chapitre suivant : Improvisation.

21 La preuve, vous y recourez tous les jours sans le savoir : Vous *voyez* ce que je veux *dire* ?

22 Voir Introduction à la CommunicAction de Bouancheaux Zuckermandl et C&C Balestra aux éditions la Charte qui adresse en détail le discours rhétorique versus le discours dialectique.

lui le droit de (vous) juger. Dans diplomatie, il y a diplôme et chaque discours constitue un examen de passage qu'il convient de réussir. Le public EST votre jury.

"Rien n'est plus fort qu'une idée dont l'heure est venue."

Si c'est Victor Hugo qui le dit ! A contrario, cela signifie qu'on a parfois tort d'avoir raison trop tôt. Par conséquent, ne vous emballez pas. Emballez plutôt le public (d'où le titre).

EN BREF

Pour attirer, il faut être créatif c'est-à-dire exprimer quelque chose d'inédit. ***On se penche vers vous ? Vous êtes attractif. On vous sourit ? Vous êtes attrayant.*** Les deux ? C'est jackpot !

Attirez par des questions : qui ? où ? quand ? comment ? pourquoi ? Elles relancent l'attention des interlocuteurs. Et recourez à la rhétorique qui favorise l'accord mental.

Attirez par du nouveau : recyclez votre message en le présentant d'une manière inattendue. Vous apporterez une fraîcheur appréciée par ceux qui vous scrutent.

Attirez par la diplomatie… pour assurer votre diplôme (votre examen de passage). Tel un jury, le public vous jauge et vous juge. Le vaincre signe votre perte. Le gagner signe votre salut.

IMPROVISATION STRUCTURÉE

Tout le monde connaît le *stand-up comedy, ce one-man show* de deux heures où, face au public, un pro improvise. Impro, vraiment ? Un pro, vraiment !

Contrairement aux apparences, l'improvisation c'est tout sauf de l'impro (dans son sens trivial). Qui ne la travaille pas ne saura pas improviser.

QUOI

Expression verbale d'une sélection spontanée de mots courants exprimant des idées minutieusement préparées.

POURQUOI

'Réciter un récit' dénote un manque de conviction. Car inutile d'apprendre par cœur ce qui vous tient… à cœur. Quelle impression voulez-vous donner et durablement laisser ?

COMMENT

En outre, l'improvisation favorise un maximum de contacts visuels. Alors pourquoi s'en priver ? "*Parce que je me sens plus sûr de moi en lisant mes notes.*" Forcément, vos notes parlent pour vous. Du coup, "*même pas besoin de soutenir le regard des spectateurs, hé hé !*" Vous voyez le problème ? ***Pas de regards, pas d'égards***. Le public note vos notes. Facile de deviner le résultat.

1. *Pour commencer, développez votre créativité*

Vous trouverez sur internet de nombreuses informations utiles sous forme d'exercices très simples sur le développement du sens créatif. Commencez par bousculer vos habitudes du jour. Détricotez le rituel matinal douche / pdj / emails... Et brossez-vous les dents avec l'autre main. Prenez votre train-train quotidien cette fois à l'autre bout du quai. Et préférez-lui un chemin de traverse au retour. Etc.

2. *Ensuite, développez votre créativité*

Autre chose. Vous avez un point de vue sur tout ; et en bon français surtout un point de vue ☺. Petit jeu de l'info : prenez une actualité qui vous interpelle et imaginez la façon dont la reprendrait, disons, un tabloïd, un journal d'opinion, un réseau social ; ou bien un Père, un Pape, un Pope. Etc. Et un conflit à résoudre : qu'en dirait Bond ? Babar ? Barbie ? Poursuivez avec d'autres univers.

3. *Puis, développez votre créativité*

Imaginez le scénario catastrophe. Demandez-vous : "*comment être sûr de me planter à 100 % à l'oral ?*" Rigolo, hein ? Surtout que pour le coup, vous allez vraiment tâcher d'isoler et d'anticiper les erreurs à ne pas commettre. Dans la même veine, encensez votre travail ("*il est génial parce que* 1…, 2…, 3..."). Et maintenant, descendez-le. Vous saurez mieux trouver les failles et les combler.

> **En musique, l'improvisation c'est de l'écriture spontanée et la composition c'est de l'improvisation écrite. Dans les deux cas, pour jouer il faut savoir écrire.**

4. *Enfin, développez votre créativité*

Prenez un mot au hasard (votre doigt en aveugle pointé sur une page de livre). Forcez-vous à l'utiliser comme point de départ d'une réflexion qui devra aboutir à un point essentiel de votre discours. En créant ainsi des liens insoupçonnés avec le sujet, vous déclenchez un processus appelé 'génération d'idées'. Très utile pour préparer une défense à 360° surtout si une partie 'Débat' ou Q/R s'ensuit.

IMPROVISATION ? OUI, MAIS...

Pas "*oui mais...*" Plutôt "*mais oui !*" Ou alors un gros OUI et un petit mais. Au départ, le trac aidant (et surtout n'aidant pas), votre discours improvisé risque de manquer de précision grammaticale ou de richesse lexicale par rapport à un texte entièrement rédigé.

Néanmoins, avec le temps, plus vous vous exercerez et moins ce sera vrai. De toute façon, l'improvisation confère une souplesse qui compense largement cette perte infime et temporaire. Non figée, l'improvisation facilite les ajustements si :

✓ *cadeau* : le jour 'J' survient une actualité directement liée au sujet (en anglais *topical*). Vous savez saisir cette chance, intégrer et exploiter cette actualité bienvenue.

✓ *cata* : les organisateurs ont pris du retard et leur problème devient le vôtre : ils vous prient d'accélérer. En fait, ils vous demandent juste de synthétiser. Fastoche !

L'improvisation engendre ou casse les cercles, selon qu'ils s'avèrent vertueux ou vicieux.

✓ *Vertueux* : l'écoute proactive d'un public attentif parce qu'enthousiaste aiguillonnera votre enthousiasme qui à son tour stimulera davantage encore votre assistance.

✓ *Vicieux* : même s'ils constatent une baisse d'attention, la plupart des discoureurs continuent de psalmodier dans le vide. Pas vous ! Vous savez réagir et relancer l'attention.

EN BREF

C'est en forgeant qu'on devient forgeron : l'improvisation ne s'improvise pas. Comme le naturel, elle se travaille. Commencez tout de suite.

Développez votre créativité : en cassant vos habitudes… et vous en avez beaucoup ; en développant votre sens critique… et vous avez de la marge. Jouez à "*pensez à la façon de…*".

Développez votre créativité : en jouant les avocats de votre défense orale puis les avocats du diable ; devenez fervent partisan de la génération d'idées.

Inquiétez-vous moins de la formulation des phrases que de l'enchaînement logique des idées. Car ***nul besoin d'apprendre par cœur ce qui vous tient à cœur***.

VITESSE V' : VOCAL POSITIF

PAUSES OPPORTUNES

Pauses et soupirs : en musique, les silences se jouent. La preuve, ils se lisent sur la portée. C'est donc qu'ils en ont (de la portée).

Bien peu de gens considèrent le silence comme un ami. Tout faire pour meubler. Du coup, bien peu de gens savent le gérer. Et pourtant, c'est votre meilleur allié.

QUOI

Une pause n'est rien d'autre qu'une brève 'coupure de son'. Le contact reste établi. Une pause appropriée est toujours volontaire, décidée. Elle poursuit un objectif précis.

POURQUOI

Parfaitement maîtrisée, la pause tient votre public en haleine et par les *ouï**es. Elle provoque un effet quasi-hypnotique (effet '*on-entend-une-mouche-voler*')[23].

Contrairement au ressenti de l'émetteur, non seulement le silence maintient le contact avec le(s) récepteur(s), mais il le renforce !

---

23 Elles peuvent créer une telle tension dramatique que les bébés la ressentent et se taisent s'ils pleuraient.

COMMENT

La pause donne du relief, par effet de contraste. Un concertiste a observé : "*je ne joue pas les notes mieux que la plupart des autres pianistes. Mais les pauses entre les notes, voilà où réside toute la différence.*" Combien ? Lesquelles ? Quand les marquer ? Combien de temps ? Et pourquoi ? La manière dont vous avez agencé vos idées détermine la pause à effectuer et la façon de la marquer.

1. ***Pause charismatique***

   Elle ouvre et conclut votre prestation. Au départ, elle consiste à ancrer votre *ethos*, c'est-à-dire votre MOI, votre manière d'être, sans l'imposer. Et comment mieux y parvenir qu'en silence ? Bref, ***pausez pour bien vous poser***. Comptez mentalement jusqu'à trois en embrassant tout le monde du regard et avec le sourire. Vous constatez qu'on se syntonise sur vous en silence, là aussi. Puis débutez[24].

2. ***Pause de ponctuation***

   Qu'est-ce qu'un signe de ponctuation sinon le dessin d'une pause[25]? Votre retenue doit les marquer. Omettre de pauser pour inspirer obscurcit voire fausse bien souvent le sens de la pensée exprimée. En outre, l'émetteur risque de stopper net poumons vidés en plein milieu de phrase, comme un automobiliste échoué au milieu de nulle part pour avoir méjugé la capacité de son réservoir.

3. ***Pause de transition***

   Quitter une ligne de pensée pour une autre exige une pause. Un peu comme un ralentissement avant l'amorce d'un virage vers un autre point cardinal ; ou l'arrêt à un carrefour pour (r)assurer conducteur et passagers de la bonne route à suivre. Une pause

---

24 Idem en fin de prestation (et avant d'ouvrir la partie Q/R si elle existe). Effectuez un bref et souriant 'arrêt sur image' (d'une à deux secondes maximum) sans bien sûr passer par la case "Voilà" (chapitre 'Conclusion stimulante')

25 Voir l'encadré 'Respirez… Ne respirez plus' du chapitre 'Diction & Inspiration'. Il décrit toutes les ponctuations et les pauses correspondantes.

de transition durera généralement plus longtemps qu'une pause de ponctuation, sans pour autant introduire de rupture dans l'exposé.

4. ***Pause rhétorique***

Tel un Grand Oral (et peut-être en est-ce un), vous invitez votre public à jouer avec vous - donc participer - mentalement. C'est pourquoi vous voudrez soulever des questions rhétoriques ou de réflexion. La pause rhétorique rythme, accentue, (r)éveille et repose l'oreille. Si vous n'observez pas de pause suffisamment marquée, l'effet rhétorique disparaîtra. *Allegro ma non troppo.* Tout un art.

5. ***Pauses d'accentuation (anticipation & emphase)***

Ces deux pauses d'accentuation aux buts complémentaires forment un cas particulier de pause rhétorique. Elles précèdent ou suivent une déclaration ou une question que l'émetteur souhaite souligner d'une tension dramatique :

✓ *Pause de suspense* : susciter la curiosité pour ce qui s'ensuit ;

✓ *Pause d'insistance* : proposer à l'auditoire une introspection.

Toutefois, mieux vaut ne pas recourir aux deux effets à la fois. Déterminez la pause qui atteint le mieux l'objectif rhétorique du moment. Cette méthode se limite aux pensées essentielles, sinon elle devient vite irritante.

Le silence est aux mots ce que le zéro est aux chiffres, un élément absorbant (il contient tous les entiers naturels). Le silence aspire tous les messages : tout est dit dans un silence.

6. *Pause de crise*

Des décibels 'ennemis' vous concurrencent : le bébé de votre grande sœur venue vous soutenir à votre soutenance de thèse, des bruits de couloir, une ambulance... Si le dérangement reste bref et surmontable, poussez suffisamment le volume et poursuivez. Mais s'il persiste, ne luttez surtout pas car le public, lui, aura déjà baissé pavillon. Laissez passer l'orage[26] et reprenez.

EN BREF

Pauses : pensez On/Off. Ne vous laissez pas intimider par le silence. Ne paniquez pas lorsqu'il s'invite. Apprenez à l'apprivoiser. Faites-en votre allié, votre ami.

Le silence exerce un pouvoir quasi-hypnotique sur le public. Invitez-le. Pour commencer, syntonisez votre public sur un silence. Tout le monde s'y retrouve.

Comme en musique, les silences se jouent. Le silence constitue un facteur essentiel d'émotion, principalement par effet de contraste. Vous décidez des pauses.

Travaillez toutes les pauses, leur contexte spécifique et leurs effets respectifs...
.... À vous de jouer !

26 Vous pouvez en profiter pour consulter brièvement vos fiches mais efforcez-vous de maintenir au maximum le contact visuel avec le public pour ne pas rompre le fil du récit et la tension dramatique instaurée. Si la nuisance sonore devient grotesque, prenez-en ouvertement acte et riez-en avec l'assistance.

VOLUME ADÉQUAT

La notion de volume ne s'appréhende pas aussi facilement qu'il y paraît. La preuve, chacun y va de son expression : son, intensité, puissance, bruit...

Le volume adéquat recouvre l'association de plusieurs facteurs contextuels que peu de personnes pensent relier entre eux.

QUOI

Le volume sonore (fort *ou* faible) quantifie en décibels (dB) une perception psycho-acoustique du son (rien que ça) souvent visualisée en hauteur : haut (élevé) *ou* bas.

POURQUOI

Dans la logique "*pas de bras pas de chocolat*" si le son 'ne passe pas', votre présentation 's'arrête là' et *Basta!*, quelle que soit la qualité de votre préparation.

COMMENT

Plusieurs facteurs régissent la détermination d'un volume sonore adéquat :

1. ***l'acoustique du lieu :*** la capacité intrinsèque de l'endroit à véhiculer - amplifier, optimiser ou réduire - le son émis par une source.

   Idéalement, répéter sa présentation la veille à l'endroit même où elle se tiendra ne procure que des bienfaits, dont la vérification de la capacité du lieu à porter les sons, les réverbérer ou les étouffer. Sur cette base, il convient cependant de considérer que la présence d'un grand nombre de personnes change la donne (voir point 3).

2. ***la sonorisation du lieu :*** l'apport d'un système d'amplification du son avec un ensemble d'accessoires dont il faut maîtriser la manipulation[27].

   Quelle que soit sa qualité acoustique, un lieu sonorisé offre un réel confort d'élocution. Il permet de jouer toute la palette d'expressions de l'instrument 'voix' (voir chapitre 'Modulation'). Attention à l'effet d'accoutumance, les voix faibles retombant dans les infrasons et les voix fortes faisant hurler 'monsieur' Larsen.

3. ***la taille et la composition de l'auditoire :*** le nombre de personnes présentes, la distance entre émetteur et récepteurs et autres critères sociodémographiques.

   "*Loin des yeux, loin... des oreilles*" pour ceux qui, avec ou sans micro, crient vers l'assistance parce qu'elle est loin. Que faire pour satisfaire un public forcément inégalement proche ou éloigné de vous selon qu'il occupe les premiers ou les derniers rangs ? Le cas échéant, privilégiez ceux dont votre devenir dépend (vos juges dans l'assistance) tout en suivant cette règle :

   - ✓ confort d'écoute suffisant (non incommodant en dB) pour les plus proches afin qu'aucune oreille ne se ferme.
   - ✓ confort d'écoute suffisant pour les plus éloignés (volume réaliste en dB) afin qu'aucune oreille ne se tende.

27 Voir Introduction à la CommunicAction de Bouancheaux Zuckermandl et C&C Balestra aux éditions la Charte qui détaille les spécificités d'usage, la manipulation et les pièges des micros sur pied, baladeur, cravate et oreillette (pp : 254, 255).

Souvent, un lieu non sonorisé n'a pas à l'être (sonorisé). Imaginez alors que vous deviez parler de votre place à la personne la plus éloignée. En général, ce volume-là constituera le niveau sonore à tenir. Observez la réaction du public (votre meilleur baromètre) pour vous ajuster si vous percevez des signes d'agacement (qui dans le cadre du volume se concentrent sur les expressions faciales).

4. ***les nuisances sonores :*** les parasites ou 'bruit' de communication (littéral et figuré) venant interférer avec la bonne réception acoustique.

Peut-être vous faudra-t-il surmonter les bruits extérieurs quitte à suspendre votre présentation le temps du désagrément. Le système de sonorisation ne dispense pas l'orateur de parler plus fort si la situation l'exige. Apprenez à contrecarrer les sources de distraction (voir chapitre précédent 'Pauses opportunes', point 6 : 'Pause de crise').

Hurler ou susurrer ?

Étonnamment, l'un et l'autre poursuivent les mêmes buts, par effet de contraste :

- ✓ renforcer son ethos ;
- ✓ attirer l'attention de quelqu'un ;
- ✓ retenir l'attention d'un groupe / se faire entendre ;
- ✓ attirer l'attention sur quelque chose ou en détourner l'attention ;
- ✓ détourner l'attention du bruit (sources de distraction) ;
- ✓ pousser à l'action.

5. ***votre thème :*** le sujet lui-même commandant soit davantage de puissance (charge emphatique) soit davantage de retenue (décharge intimiste).

   La nature des idées contenues dans votre discours exerce également une influence sur le volume requis. Si votre thématique exige un ton vigoureux, n'affaiblissez pas l'effet de votre exposé en parlant trop doucement. Adaptez le volume au sujet en veillant néanmoins à ne pas trop attirer l'attention sur vous-même.

6. ***votre objectif (complément du point précédent) :*** il s'agit du but poursuivi au-delà de votre thématique : faire savoir, faire aimer, faire agir…

   Quelle que soit votre démonstration, vous désirez convaincre l'esprit et toucher les cœurs. Pour stimuler, vous pouvez adopter une voix "*un peu plus sonore*" sans toutefois rebuter à cause d'une amplitude trop élevée. Ecartez la dureté. Pour émouvoir, vous opterez pour un volume plus faible tout en écartant la mollesse.

Et quand on parle naturellement trop fort ou trop faiblement ? Que faire docteur ?

1. ***Ma voix ne passe pas***

   Libérez-vous des mauvaises influences. Jetez vos disques de Françoise Hardy et du clan Gainsbourg (Serge, Charlotte, Jane Birkin). Plus sérieusement, Une voix fluette laisse 'entendre' un bruit : celui du manque de préparation ou de conviction. Même naturellement douce ou ténue, vous pouvez toujours activer deux leviers, dont la manœuvre payante réclame néanmoins des efforts et de la constance :

   ✓ Le levier ***maintien***. Exercez-vous à vous tenir bien droit, que vous soyez assis ou debout. Contractez les muscles pelviens (imaginez vous retenir d'aller aux toilettes). Et relâchez légèrement les épaules sans les laisser s'avachir. Bonne nouvelle : vos abdos travaillent.

✓ Le levier ***respiration***. Inspirez lentement et assez profondément pour remplir la partie inférieure de vos poumons (voir chapitres 'Diction & Inspiration' et 'Timbre de la voix & Respiration'). Cette provision d'air vous permet de varier le volume quand vous parlez.

2. *Ma voix porte trop*

"*Le pauvre parle fort*" raille-t-on en bourgeoisie. Raisons socioculturelles ou enthousiasme débordant ? De fait, quel que soit le système de sonorisation (ou son absence), certains confondent puissance de volume et puissance de conviction. Erreur. Une audience connote toujours négativement un volume trop élevé car elle l'associe à un palliatif : manque d'assurance ou de patience.

Le volume n'est pas plus synonyme de 'puissance' que la climatisation l'est de 'froid'. Si l'air se conditionne, le volume aussi, selon les circonstances.

3. *Et si je parle tout simplement trop ?*

Très simple. Vous la fermez ! ☺ Un poil plus pratique, découpez le chapitre précédent 'Pauses opportunes' qui aborde aussi les silences et scotchez-le sur la porte de votre réfrigérateur. Méditez-le tandis que vous mangez ou buvez le fruit de votre collecte réfrigérée (car votre maman vous a interdit de parler la bouche pleine).

EN BREF

Volume : pensez fort ou faible ; haut (élevé) ou bas. Tenez compte du lieu, de l'assistance, de votre sujet et de vos objectifs.

Apprenez à remplir la partie inférieure de vos poumons quand vous respirez (inspirez en sortant le ventre, expirez en rentrant le ventre).

Anticipez les interférences possibles et imaginez les différents scénarios pour maintenir ou récupérer l'attention.

Observez la réaction de ceux auxquels vous vous adressez de façon à optimiser votre volume de voix : l'amplifier ou la réduire.

TONALITÉ CONVERSATIONNELLE

> L'heure (du discours) est *grave* et le problème (le sujet abordé) *aigu*. L'exposition de vos idées réclame donc une bonne maîtrise de la tonalité ; et du naturel.

La difficulté réside dans la capacité à converser avec le naturel qui correspond le mieux à l'auditoire, malgré le cadre souvent (très) formel d'un discours en public.

QUOI

Fréquenter toutes les fréquences de votre échelle de sons aux degrés hiérarchisés du grave à l'aigu, renforcées ou diminuées par le jeu des cordes vocales.

POURQUOI

À différents sentiments, différentes tonalités. De plus, un bon ton de conversation détend émetteur et récepteurs, préparant ces derniers à mieux accepter le message.

COMMENT

Simple relation ou ami(e) proche, comment s'exprimer dans une tonalité ni affectée ni désinvolte, toujours acceptable c'est-à-dire respectueuse de l'autre ? En prenant conscience des paramètres à gérer.

1. ***Conscience de son genre***

   Ah, les mues de l'adolescence ! Elles illustrent combien le genre influence la tonalité. A discours égal, quel homme convainc le mieux : celui à la voix plus grave ou plus aiguë ? Et quelle femme obtient plus que l'autre : celle à la voix plus aiguë ou plus grave ? Quant à vous, avez-vous déjà écouté votre différence de tonalité entre ces deux requêtes : exiger réparation ? quémander une faveur ?

2. ***Conscience de son état***

   Extraverti(e) ou introverti(e) ? Stressé(e) ou décontracté(e) du discours ? Les deux possèdent leurs qualités et leurs défauts. Sachez cependant que le stress - comme la colère - fait grimper dans les aigus > ne dit-on pas : "*le ton monte*" ? Inversement, le calme fait descendre dans les graves > ne dit-on pas : "*la voix se pose*" ? Agité(e) ou serein(e) : décidez de votre effet, ne le subissez pas.

3. ***Conscience de ses phrases***

   Pour limiter le stress, beaucoup préfèrent la lecture de notes aux idées exprimées dans ses propres termes.[28] Or, le style écrit et ses constructions de phrases plus complexes diffèrent beaucoup du style parlé. À moins d'avoir suivi les cours de l'*Actors Studio*, vouloir réciter ou lire textuellement ses propres expressions relève du suicide. Optez pour le ternaire : sujet-verbe-complément.

4. ***Conscience de son débit***

   Plus on va vite, plus on 'monte dans les tours'. Et inversement plus on est lent. Trois écueils de débit : la lance à incendie (trop fort) ; le robinet (trop constant) ; le compte-gouttes (trop faible). Si vous ne voulez pas respectivement saouler, endormir ou impatienter votre public, pensez relief et variation de rythme ou de tempo. En prime, vous éviterez la voix désincarnée du robot, raide, froide et mécanique.

28 Voir chapitre 'Fiches rassurantes' dénonçant la fausse bonne idée consistant à lire ses notes ; et proposant la façon correcte de procéder.

5. *Conscience de sa culture*

Sans rejeter l'humour et les tournures familières bienséantes, adoptez un style et un vocabulaire qui poussent au respect. Vous ne voulez pas faire '*bolos*' ? Alors, ne faites pas '*cassos*' qui ne sait parler qu'en mode '*wesh-wesh*'. Le public peut tout à la fois s'amuser de vos blagues et vous mépriser royalement. Évitez tout ce qui peut vous rabaisser à un niveau que votre public juge inférieur.

AXIOME : voix grave > testostérone ;
voix aiguë > hormone. Choisissez votre camp !

EN BREF

Tonalité : pensez grave ou aiguë. Conscient de l'influence intrinsèque de votre genre et de votre état émotionnel, décidez de votre effet sans le subir.

Ne tentez pas de reproduire à l'identique des phrases tirées d'un document quand bien même vous les auriez écrites. Exprimez vos idées en phrases courtes et avec vos mots.

Tempo : pensez débit ou rythme et pensez relief : plus appuyé, plus vite, plus lent. Comme dans 'la grande boucle': montées, plateaux, descentes, pauses... Et ça repart !

Agissez sur votre vision du public. Imaginez-le venir en ami. Traitez-en les membres avec estime mais sans familiarité, selon leur idée du respect qu'ils réclament.

TIMBRE DE VOIX & RESPIRATION

The voice ! Ta daaa ! Si les règles d'un discours diffèrent d'un radio crochet (heureusement), votre signature vocale se doit toutefois d'être lisible.

Même si on ne lui demande pas d'émouvoir son audience (on a la voix que l'on a), le timbre et la tessiture de votre voix doivent être identifiables et agréables à l'oreille.

QUOI

Contrôler l'homogénéité et travailler la souplesse de l'instrument 'voix' : sa typologie, sa texture, son registre et ses harmoniques.

POURQUOI

Une 'belle' voix contribue à une écoute plaisante et détendue. Elle indique au public que vous 'croyez' ce que vous dites. Reste à détailler ce que la 'normalité' d'une voix recouvre ou exclut.

COMMENT

Sans même comprendre une langue, vous pouvez discerner le charme ou la rudesse d'une voix. Le timbre de voix ne relève donc pas seulement de la mécanique verbale et vocale. Votre personnalité entre en jeu. Comment maximiser la chaleur de votre voix et en minimiser les imperfections ou la rudesse ?

Je n'ai pas la voix que je souhaite. Que faire ?

Il arrive qu'une voix de piètre qualité résulte d'une malformation congénitale ou d'une maladie ayant endommagé le larynx. Il convient alors de consulter un spécialiste.

Quoi qu'il en soit, la gravité de ces infirmités peut s'avérer telle que la marge de manœuvre palliative se réduira sensiblement, voire totalement.

Toutefois, en apprenant à optimiser les organes de la parole, il demeure souvent possible d'obtenir des améliorations (voir point 4 : 'la voix de son maître').

En premier lieu, rappelez-vous que les caractéristiques de la voix varient d'une personne à l'autre. À moins d'être imitateur, rien ne sert de calquer sa voix sur celle d'un(e) autre. Travaillez plutôt vos possibilités, votre voix possédant ses qualités propres. Avant tout, il convient déjà d'en saisir le bon fonctionnement.

1. *La voix ne manque pas d'air…*

… car si elle en manquait, elle disparaîtrait. Tout comme un soufflet d'accordéon expulse l'air en quantité et débit variables pour créer un son, vos soufflets (vos poumons) expulsent une colonne d'air à travers la trachée puis le larynx. Pour donner de la voix (ou pas), vos cordes vocales - deux petits replis musculaires de chaque côté du larynx - ouvrent ou ferment son passage tel un interrupteur.

Lorsque vous désirez parler, des muscles contractent vos cordes vocales. Elles se mettent alors à vibrer quand l'air chassé des poumons les traverse. Plus les cordes vocales sont tendues, plus elles vibrent rapidement et plus la tonalité des sons produits s'élève. À l'inverse, plus les cordes sont relâchées, plus la tonalité baisse.

Puis, l'onde sonore quitte le larynx pour le pharynx, la partie supérieure de la gorge. Elle passe ensuite dans la bouche et la cavité nasale, où des accents harmoniques viennent s'ajouter et modifier ou renforcer la note fondamentale. La voûte du palais, la langue, les dents, les lèvres et la mâchoire contribuent à fragmenter les vibrations sonores donnant ainsi à votre voix sa tessiture unique.

2. *Comment donner de la voix*

Pour donner de la voix, vous devez disposer d'une provision d'air suffisante. Et des fois, ça coince. Pourquoi ?[29] Explication : La partie la plus volumineuse des poumons se situe dans l'abdomen juste au-dessous du diaphragme. Ne remplir que la poitrine coupe vite votre souffle. Commencez par vous tenir bien droit en gardant les épaules bien en arrière mais sans les hausser, légèrement relâchées.

✓ *Dans un premier temps, travaillez l'inspiration*

Produisez un effort conscient pour remplir d'abord vos poumons bas. La partie inférieure de votre cage thoracique s'élargit et votre diaphragme s'abaisse, faisant descendre légèrement l'estomac et les intestins, de sorte que votre ventre gonfle. Vous devez sentir vos habits ou ceinture vous serrer la taille (voir encadré ci-dessous, 4e point).

✓ *Dans un second temps, travaillez l'expiration*

Ne gaspillez pas votre provision d'air. Expulsez-la progressivement en un jet continu. Ne contractez pas la gorge au risque de produire une voix étranglée, voire anormalement aiguë. La pression des muscles abdominaux et intercostaux chasse l'air, tandis que le diaphragme détermine la vitesse d'expulsion.

---

29 Voir aussi le chapitre 'Diction & Inspiration'.

Entraînez-vous !

Debout, bien droit (sans vous cambrer) et les épaules en arrière, inspirez de façon à remplir la partie inférieure de vos poumons (le ventre sort).

Expirez ensuite progressivement en comptant doucement et le plus longtemps possible sans reprendre votre souffle (le ventre rentre).

Enfin, exercez-vous à lire à voix haute en respirant avec la même intensité. Vous y gagnerez en capacité thoracique et donc en qualité de voix.

Notons que cet exercice devrait vous amener à prendre conscience du type d'habits à porter le jour J. Évitez les vêtements trop ajustés ou serrés au tissu raide.

3. *Relâchez les muscles tendus*

Si vous placez un objet sur la table d'harmonie d'une guitare, celle-ci cesse de résonner, provoquant un son étouffé. Eh bien la table d'harmonie, c'est votre corps. Cette 'table' doit pouvoir rester désencombrée. À cet effet, relâchez les muscles de votre larynx car le son passe selon leur (dé)contraction. En outre, des muscles détendus favorisent l'ouverture des cloisons nasales.

Afin de faciliter la résonance nécessaire à une voix qui porte, vous devez aussi décontracter tout votre corps ; en fait, toute l'ossature soutenant vos muscles : genoux, mains, épaules, nuque. Car la voix se répercute contre votre structure osseuse en commençant par celle de la poitrine. Et bien sûr contre les dents, la voûte du palais et les sinus.

4. *La voix de son maître*

Certains pensent à raison que leur voix les trahit à cause de lacunes inhérentes à son timbre unique. Il existe effectivement des maladies contre lesquelles peu de recours existent. Ou bien des accidents ont pu causer des torts irréversibles. Cependant, dans l'immense majorité des cas, une hygiène de vie correcte et des exercices pratiques peuvent corriger des défauts plus superficiels.

✓ *Voix rauque*

"*C'est congénital ou quand j'ai trop bu ?*" ou trop fumé ? Que puis-je vous dire que vous ne sachiez déjà si ce n'est que le timbre typique du fumeur/buveur irrite bien des gens, les place sur la défensive, voire les rend condescendant ?[30] Certains tentent vainement de cacher ce défaut en parlant entre leurs dents. Décontractez-vous plutôt la gorge et la mâchoire.

✓ *Voix étouffée et souffle court*

Comment s'emporter sans portée (de voix) ? Outre les conseils ci-avant de respiration et de décontraction, améliorez votre résonance. Comment ? Laissez vos lèvres légèrement se toucher sans les presser l'une contre l'autre. Tout en émettant une note en sourdine, ressentez les vibrations dans votre tête et votre poitrine. Sinon, dormez-vous suffisamment ?

✓ *Voix trop aiguë ou trop dure*

Une voix tendue rend les auditeurs tendus. Une tension trop forte des cordes vocales fait 'grimper dans les tours', donc les aigus. Relâchez consciemment les muscles de votre gorge pour réduire la tension des cordes vocales et parler plus grave. Exercez-vous à converser chaque jour un ton en dessous tout en travaillant l'inspiration par le bas des poumons.

---

30 Par conséquent, si vous êtes victime d'une extinction de voix passagère, précisez-le dès avant votre présentation.

✓ *Voix métallique ou nasillarde*

Si, à l'instar des *Donald*, *Daffy Duck* ou *Gonzo* du *Muppet Show*, vous êtes victime d'une obstruction de la cavité nasale, consultez. Par ailleurs, la contraction des muscles de la gorge et de la bouche peut fermer le conduit nasal, empêchant une circulation plus libre de l'air, d'où la voix nasillarde. À nouveau, détendez-vous en effectuant les exercices conseillés plus haut.

Votre timbre de voix unique constitue votre carte d'identité vocale avec sa signature vocale. Faites évoluer et correspondre votre image à cette carte.

EN BREF

Timbre : pensez attaque ou vibrato. Votre tessiture n'appartient qu'à vous. Rien ne sert de vous calquer sur un(e) autre. Renforcez plutôt vos atouts.

La voix est un bon serviteur mais un mauvais maître. Pour refléter 'la voix de son maître' (vous), travaillez vos faiblesses en maintenant une bonne hygiène de vie.

Entraînez-vous quelques minutes par jour à inspirer avec vos poumons bas et à consciemment relâcher les muscles de votre gorge quand vous parlez.

Votre timbre de voix et ses caractéristiques uniques constituent votre carte d'identité vocale munie de sa signature. Faites-les évoluer / grandir avec votre image.

INTENSITÉ MENTALE ET AFFECTIVE

Qu'il le sache ou non - et que cela vous plaise ou non - le public corrige quelqu'un (vous) et non quelque chose (votre discours). C'est comme ça (et c'est plutôt sain, à bien y réfléchir).

Après tout, si vous avez choisi comme sujet "*la reproduction des amibes en bassin minier*", c'est que le sujet vous éclate, non ? Alors mettez-y du cœur !

QUOI

'Faire passer' des sentiments qui reflètent un enthousiasme et une chaleur sincères mais mesurés c'est-à-dire proportionnés à la teneur du discours.

POURQUOI

Les victimes du syndrome '*Droopy*'[31] amènent vite le public à douter de leur sincérité. Par contre, si un discours vivant capte l'attention, c'est qu'il la rend (l'attention)... captive.

31 Héros culte de Tex Avery dont les posture et voix démentaient le mantra verbal "*you know what ? I'm happy!*".

COMMENT

Bien des orateurs réservés ou placides imaginent traduire correctement leur amour du thème qu'ils développent. Aussi tombent-ils des nues quand on leur reproche leur indifférence, leur distance ou leur manque de conviction. Si vous vous reconnaissez dans cette description, commencez par filmer vos répétitions puis visionnez-les, au besoin avec un(e) ami(e) que vous appréciez pour autre chose que sa complaisance. Choc garanti.

Généralement, à moins d'être un extraverti spécial '*commedia dell'arte*' (auquel cas vous pouvez passer au chapitre suivant[32]), vous vous apercevrez très vite que ce que vous croyez 'surjouer' ne confine qu'à un léger enjouement bon teint. Ici, dans le cadre vocal, il vous faut pratiquer l'intensité, via l'enthousiasme (le mental) et la chaleur (l'affectif) : ses deux aspects complémentaires.

1. *Enthousiasme : subjectivité[33] intellectuelle*

Enthousiasme signifie littéralement 'transport divin' en référence à l''emportement' de prophètes en extase ou en transe. Ce terme décrit l'état d'exaltation de l'émetteur et se rapproche par conséquent de l'*éthos* cher à Aristote.[34] Ainsi, votre enthousiasme illustre votre conviction, par conséquent la valeur des idées que vous exprimez. Bonne nouvelle : l'enthousiasme est communicatif.

Toutefois, ne forcez jamais l'enthousiasme. Puisque cette qualité se rapporte à la conviction, seule la force de votre exposé le suscitera. Nous avons abordé la différence entre plan de rédaction et plan de discours, d'où ce CONSEIL : travaillez votre matière jusqu'à en obtenir une approche ou un angle enthousiasmant plutôt que de débiter platement un contenu novateur mais sans saveur.

---

32 Un mot quand même : l'expression des sentiments doit servir votre message. Ne laissez pas votre théâtralité ou votre grandiloquence le cannibaliser.

33 Subjectivité car, rappelons-le, le public juge voire corrige un sujet (quelqu'un) non un objet (quelque chose).

34 Aristote a décrit les trois registres du cycle de la persuasion : les valeurs de l'orateur (ethos) au travers de son raisonnement logique (logos) émeuvent l'auditoire (pathos) qui en retour s'identifie aux arguments de l'orateur en percevant ce qu'il ressent ; lui accordant *de facto* la crédibilité.

Un humain sans humanité n'est pas humain. Cette humanité s'exprime dans la voix avec l'intensité d'un feu : une chaleur nourrie d'enthousiasme.

2. *Chaleur : subjectivité émotionnelle*

Votre affect, forcément subjectif, se rapporte à l'expression de votre pathos - vos sentiments - avec la volonté de les transmettre à votre public[35]. La chaleur ne se porte pas comme un masque mais en bandoulière, comme le cœur. Bonne nouvelle : cette sincère dépense d'énergie positive, d'où la production de chaleur, est contagieuse.

D'un point de vue strictement mécanique, les sons saccadés durcissent la voix. Tâchez de faire ressortir les sons plus doux[36]. CONSEIL : inspirez-vous des voix "*breathy*" des films ou des pubs à la "*parce-que-je-le-vaux-bien*", c'est-à-dire soufflées à l'oreille ou chuchotées. À n'utiliser que par touches subtiles (2 ou 3 mots au plus) et avec beaucoup de parcimonie.

35 Lors d'une soutenance orale (travail de fin d'études : mémoire, thèse…) devant un jury, ne négligez pas non plus le public qui y assiste (si sa présence est autorisée) car son pathos peut pénétrer celui du jury.

36 Au besoin, revoyez le chapitre 'Timbre de voix & Respiration'. De son côté, la partie v'' vous offre d'autres atouts pour exprimer la chaleur.

EN BREF

Intensité : pensez enthousiasme et chaleur.

Enthousiasme : pensez mesuré ou débordant.

Chaleur : pensez tiède, chaud ou bouillant.

Lorsque vous préparez votre présentation, travaillez votre matière jusqu'à obtenir une approche ou un angle enthousiasmant parce qu'original à vos yeux.

Apprenez à utiliser toute la palette de votre instrument 'voix' en écoutant attentivement l'intensité des voix utilisées en publicité ou au cinéma.

Lorsque vous préparez votre présentation, travaillez votre cœur, à savoir vos sentiments. Déterminez les parties plus propices à l'expression chaleureuse de vos pensées.

MODULATION

La voix ne constitue pas *un*, mais *plusieurs* instruments à cordes. À vous, désormais, d'orchestrer harmonieusement cette 'section cordes'.

Les chapitres précédents ont répertorié les spécificités de votre ensemble à cordes. Mettre tout ce petit monde en musique relève maintenant du défi.

QUOI

Accorder entre eux et orchestrer tous les instruments de la voix : volume, tonalité, timbre, intensité, tempo, silence et pauses. Valoriser tantôt l'un tantôt l'autre.

POURQUOI

La musique adoucit les mœurs. En maîtrisant les variations de tous vos instruments vocaux, la mélodie et les sentiments engendrés gagneront votre public.

COMMENT

Les sentiments ne se décrètent ni ne s'invitent sur commande. Vous ne parviendrez donc pas à moduler correctement en notant simplement sur une feuille les endroits où varier le volume, changer de débit, de ton, etc., histoire de 'montrer' ses sentiments. Votre musique sonnera faux comme (je me répète et le déplore) bien des journalistes des plateaux télévisés. Pas d'autre alternative que d'y aller au *feeling*.

1. ***Adaptez le volume***

   Il ne s'agit pas de monter et descendre le son tel un signal sinusoïdal, vous ne feriez que provoquer le haut-le-cœur d'un public captif de 'montagnes russes'. Adaptez-le plutôt à l'objectif et au contenu de votre présentation.

   ✓ Un *volume plus élevé* peut se justifier pour créer une dynamique et pousser à l'action ; aussi pour appuyer la force d'une démonstration.

   ✓ Un *volume plus bas* ou plus faible peut stimuler la curiosité, auquel cas il convient d'augmenter simultanément l'intensité de la voix.

   ✓ Une *baisse temporaire de volume* indique que la partie concernée tient une importance secondaire dans la ligne de raisonnement. Et vice versa.

2. ***Changez de débit (tempo, rythme)***

   Il ne s'agit pas d'accélérer dans les droites et de ralentir dans les virages, vous ne feriez que provoquer le haut-le-cœur d'un public captif d'une 'course de côte' (dont la vôtre - de cote - chuterait). Agissez comme dans la vie.

   ✓ Si un point s'avère particulièrement excitant à développer, vous pouvez *accélérer* le débit le temps de son énoncé (sans maltraiter votre diction).

   ✓ Si un point s'avère particulièrement significatif ou difficile à comprendre ou important à retenir, vous pouvez *décélérer* le temps de son énoncé.

   ✓ Si plusieurs points nécessitent une mise en relief des uns par rapport aux autres, *adaptez votre rythme* d'élocution (ralentir pour un moment fort).

3. ***Variez votre ton***

   Il ne s'agit pas de mixer comme un DJ, vous ne feriez que provoquer le haut-le-cœur d'un public captif d'un 'genre musical' auquel il goûte peu. Déterminez plutôt les parties de votre discours se prêtant au changement de ton.

- ✓ Un ton plus aigu permet d'*accentuer* un mot ou une expression clés ; et de marquer une *interrogation* ou une *exclamation*.
- ✓ Un ton plus aigu véhiculera également l'*excitation* et l'*enthousiasme* tandis qu'un ton plus grave véhiculera la *tristesse* et l'*inquiétude*.
- ✓ Varier le ton permet aussi de traduire l'*ampleur* d'une *dimension* (surface ou volume) ou d'une distance (hauteur/profondeur, longueur/largeur).

Modulation déplacée ou inappropriée : écueils à éviter

Quand elle distrait du sens, la modulation devient vite un maniérisme insupportable. Tout comme un musicien débutant appuie trop certaines notes, certains orateurs, le plus souvent par manque de préparation minutieuse, ne savent pas déterminer quels mots ou quelles expressions accentuer.

NE JAMAIS :

- ✓ accentuer les mots sur un *beat* disco ou *transe*, à intervalles réguliers, que cette accentuation tombe sur un mot clé ou pas.
- ✓ appuyer les prépositions, les conjonctions et autres mots-outils de ce genre sauf pour atteindre un objectif prédéfini (ex. une énumération).
- ✓ moduler la voix juste par souci d'accentuation. L'accentuation n'est pas un souci. Elle poursuit un but.

4. *Nuancez votre intensité*

Il ne s'agit pas de déclarer votre flamme, vous ne feriez que provoquer le haut-le-cœur d'un public captif d'un 'feu de l'amour' unilatéral. Il vous jugerait alors plus qu'il ne vous aime. Ne 'dites' pas votre émotion, exprimez-la.

- ✓ Méditez sur votre matière pour déterminer soit les moments soit les *passages qui vous touchent plus* que d'autres. Et privilégiez-les.
- ✓ L'intensité s'assaisonne généralement bien avec un *ton plus grave et un volume plus faible*. Répétez votre présentation en respectant ces critères.
- ✓ Une présentation se vit. L'*intensité vocale ne peut se dissocier du visuel positif*. Il est désormais temps de vous rendre sans plus tarder à cette 3e partie, à la vitesse v'' ☺

Pour briser la monotonie latente, transformez une affirmation en question suivie d'une pause d'accentuation. Et recourez aux illustrations simples.

EN BREF

Modulation : pensez volume, silence et pauses, débit-tempo-rythme, tonalité, intensité; le tout avec un timbre de voix optimum.

Interrogation, hésitation, déclaration, affirmation, exclamation, injonction… à chaque fois, modulez votre voix pour que la conviction se dégage, en toutes circonstances.

La modulation entre en jeu dès la répétition de votre présentation. Accordez l'attention voulue aux parties qui réclament un effet vocal.

Puis, pour chaque partie de votre présentation, déterminez quel effet vocal particulier véhiculera le sentiment que vous voulez dégager, sans le surjouer.

VITESSE V" : VISUEL POSITIF

REGARD ET EXPRESSIONS FACIALES

On n'est pas responsable de la tête qu'on a ; mais on est responsable de la tête qu'on fait. Et le regard est le plus important de tous les gestes.

Les yeux sont le 'miroir de l'âme' et ce miroir-là en dit long. La preuve, pour cacher l'identité de quelqu'un sur une photo, au minimum on lui floute le regard.

QUOI

Affecter les quelques 50 muscles du visage au service de nos milliers d'expressions faciales porteuses de sens pour envoyer tous (et rien que) les messages souhaités (donc, sans se trahir).

POURQUOI

Un visage avenant dénote l'intérêt pour l'autre qui, en retour, tend à lui accorder sa confiance. En outre, un regard convaincant renforce le propos[37].

COMMENT

Tout d'abord, un axiome : quelle que soit 'votre tête' - regards et expressions faciales - tous tireront des conclusions hâtives sur votre personne, à tort ou à raison. Comme on ne peut pas plaire à tous, ce

37 Les jeux de regard et d'expressions faciales varient d'une culture à l'autre. Nous parlons ici des codes en usage dans nos cultures judéo-chrétiennes occidentales.

serait péché que de l'exiger (plaire à tous). Il n'existe pas d'autre solution que "*d'être soi-même*" c'est-à-dire 'humain', par conséquent en tentant de subtilement séduire et convaincre le plus grand nombre.

1. 'Not to do' list

Voici une liste non exhaustive des pièges à éviter, d'un extrême à l'autre. Quelle que soit la radicalité de ce piège, si on y tombe, impossible de véhiculer sa sincérité, son sérieux, sa conviction, son assurance ou ses compétences.

- ✓ *Ignorer l'autre, façon 'autruche'.* Fuir ? Impossible, il faut faire face ! Le corps oui, les yeux, non : "*Yaka*" les fermer ?! Et hop ! D'éliminer carrément le public de son champ visuel, façon "*j'suis là, j'suis plus là*".
- ✓ *Méditer, façon 'yogi'.* Même cause première : fuite impossible. "*Yaka*" regarder ailleurs. Et hop ! Une petite fixette transcendantale. Chacun son truc : le motif de carpette, la tache murale, la ligne bleue des Vosges…
- ✓ *Rebondir, façon 'balle magique'.* Variante de la précédente. Entre 'avoir la dalle' (fixer le sol) ou 'rester sur le carreau' (fixer la fenêtre), d'aucuns hésitent. Du coup, leurs yeux rebondissent en un cycle perpétuel sol-fenêtre-plafond-porte-mur…
- ✓ *Balayer, façon 'essuie-glace'.* Progrès : l'émetteur regarde *vers* l'assistance mais, de la périphérie à l'autre de sa vision-pare-brise, ses yeux balaient mécaniquement tout le 'troupeau' sans s'arrêter sur une seule 'tête'.
- ✓ *Braquer les 'projos', façon 'je te veux'.* Surcompensation : l'émetteur isole et fixe du regard un visage de l'auditoire qui lui semble amical ; ou bien il croit avoir repéré la personne à convaincre (un décideur par exemple). Du coup, il occulte le reste du monde.

HORS CONCOURS
(car champion du monde consacré) :
variante de 'l'autruche' pour pleutre paresseux car muni de son texte entièrement rédigé : tout bien lire à la virgule près, bien caché derrière ses feuilles A4 tenues des deux mains en bouclier à hauteur de tête.

2. *'To do' list*

Quel que soit l'enjeu de votre prestation, les membres du public sont des humains (après tout). Si votre émoi vous fait chuter dans un des travers précédents, sans doute le comprennent-ils. Toutefois, qui dit comprendre ne dit pas forcément excuser et encore moins pardonner. Donc…

- ✓ *Tenez-vous bien en face de votre auditoire.* Tandis que vous marquez une pause de quelques secondes avant de débuter, souriez légèrement en établissant votre premier contact oculaire avec le public[38].
- ✓ *Considérez les individus* : quand vous parlez à quelqu'un, parlez-lui vraiment. Choisissez un visage engageant qui vous stimule. Croisez son regard, naturellement et amicalement. Vous serez perçu comme sincère.

38 Ce bref temps d'arrêt permet de surmonter le trac et harmonise automatiquement l'assistance sur le silence de l'émetteur et la sérénité que son visage affiche. Voir chapitres 'Pauses opportunes'. L'ouvrage Introduction à la CommunicAction de Bouancheaux Zuckermandl et C&C Balestra détaille toutes les étapes de l'exposé (de la préparation à la prise de parole en public) et des "patois" du langage corporel : posture, visage, corps et membres.

- ✓ *Maintenez le contact visuel* quelques secondes au plus (minimum une seconde). Regarder droit dans les yeux[39] durant un temps fort confère plus de poids à la pensée soulignée. L'assistance entière ressent cette tension et s'attribue ce regard.
- ✓ *Poursuivez en accrochant un autre regard* et adressez-lui une phrase ou deux, avec respect et décontraction, en restant attentif à sa réaction, avant de passer au regard suivant[40]. Et ainsi de suite, le cas échéant tout en privilégiant un jury ou un décideur.
- ✓ *Constatez la façon dont on attrape vos pensées*, car voir importe autant que d'être vu : ici un hochement de tête, là un visage concentré… ou pas. Un questionnement, une impatience ? Traitez tous ces signaux[41].

Pour le public, si votre bouche balance le 'poids des mots', votre visage affiche le 'choc des photos'. Choc, parce qu'avenant ou rebutant ? Cela dépend de vous.

3. *Quelques principes universels*

- ✓ *Fuite ou invasion* : un 'bon' contact oculaire occupe 70 % du temps de conversation. Un poil (un cil) à peine au-dessus et vous voilà envahisseur. Un poil au-dessous et vous voilà fuyard. Pourquoi cette très faible marge de manœuvre ? En

39 Conseil pour timides : si cela vous déstabilise de regarder droit dans les yeux, alors regardez entre les deux yeux comme si vous regardiez un cyclope droit dans l'œil. La personne visée ne s'en apercevra pas, sauf si bien sûr, elle-même est un cyclope (auquel cas, vous en tenir au conseil initial ☺).

40 Attention de ne pas vous attarder trop longtemps sur quelqu'un au point de le gêner. Certains préconisent à tort de ne se concentrer que sur trois personnes à équidistance (jury ou public) : une à gauche, une au centre, une à droite. Non ! Vous tomberiez dans le travers 'balai d'essuie-glace'. Accrochez les regards de manière aléatoire.

41 Le regard du récepteur vous signale toujours s'il vous faut modifier votre débit, l'impliquer davantage ou… s'empresser de conclure la présentation.

temps normal (hors enjeu), vous êtes d'instinct tellement dans le 'bon' que votre cerveau capte immédiatement "*quand ça cloche*".

✓ *Fantomas ou The Mask :* pattes d'oie, ailes narinaires, commissures labiales… tout fait sens. Même en parlant sans-bouger-les-lèvres 'à la Fantomas' (impavide), vous transmettrez une impression : indifférence, gêne, peur, perplexité, froideur, détachement... Vous voulez plutôt susciter des sentiments positifs ? Montrez l'exemple, affichez-les sur votre visage. Soyez expressif, plutôt façon *The Mask* (sans forcer le trait, toutefois)

EN BREF

Le regard constitue votre geste le plus explicite, donc votre meilleur atout pour gagner vos auditeurs à vous. Maintenant, si vous le plantez dans vos chaussures…

Votre visage active 50 muscles pour convaincre… ou dissuader. Bonne nouvelle pour les paresseux : il faut en activer moins pour sourire que pour faire la gueule.

Fuyez tous les avatars du regard fuyant. Faites face, croisez les regards avant de croiser le fer et souriez "*puisque c'est grave*".

En contexte informel donc détendu, votre contact oculaire occupe 70 % du temps de conversation. Devenez détendu du discours. A cette fin : travaillez-le et répétez-le encore et encore.

GESTES PARLANTS

Pourquoi le verbe 'gesticuler' est-il connoté ? Pourquoi certains milieux aisés méprisent-ils la gestuelle ("*le pauvre s'agite*") ? Pourtant, tout le monde parle en gesticulant. Même les riches.

Le geste, c'est la vie ! Et c'est d'abord pour soi. La preuve : au téléphone tous (même les aveugles) arpentent, s'agitent et brassent l'air.. Et c'est pas pour les beaux yeux de l'interlocuteur.

QUOI

Tirer le meilleur profit de ses mains, de ses épaules, de ses membres ; bref, de son corps tout entier, pour exprimer ses idées, ses sentiments, ses humeurs.

POURQUOI

Les gestes confèrent à vos paroles un pouvoir affectif visible, complétant en cela votre pouvoir affectif sonore (langage vocal). Vous voilà aligné, en phase : verbe-voix-corps.

COMMENT

Le rapport gestes/voix doit s'harmoniser au mieux, sinon, le corps 'grimace' et le récepteur ressent cette distorsion. Facile... en apparence ; après tout, qui n'a jamais dû 'apprendre' à sourire ou à s'exclamer ? De même, la gestuelle ne s'acquiert pas dans les livres[42]. Elle se doit spontanée pour exprimer un réel sentiment. Plus vous serez détendu et plus vous vous animerez naturellement[43].

1. *N'y pensez plus*

En règle générale, pour bien gesticuler comme au téléphone, il suffit de ne pas y penser... comme au téléphone. Mais là, vous avez le trac car votre stress vous paralyse. Commencez par tuer dans l'œuf le trac que vous pouvez contrôler à 100 % : celui qui résulte d'un manque de répétition assidue.

Répétez en vous concentrant sur les idées à exprimer et les mots clés qui les véhiculent ; et non pas sur les phrases formulées pour les dire. Sinon vous apprenez par cœur et là, vous êtes mort. Car, à l'oral (grand ou petit), qui dit 'par cœur' dit invariablement 'trou noir' stratosphérique[44].

2. *Pensez-y*

Nous venons d'exprimer que les 'bons' gestes se manifestent inconsciemment. Or, il existe des circonstances particulières pour lesquelles il convient de penser aux gestes à effectuer... ou pas. Examinons ces circonstances, liées d'une part aux gestes descriptifs et d'accentuation, puis d'autre part aux gestes à proscrire.

✓ *Gestes descriptifs.* Observez deux personnes s'épancher sur les aléas de la météo. Les voyez-vous pointer le ciel ou le sol pour signifier la provenance ou la finalité de la pluie ? Non,

---

42 Par contre, la gestuelle se décrit dans les livres. Il existe deux grandes familles de gestes : de description et d'accentuation. Et de très nombreuses variantes : gestes adaptateurs, autonomes, déictiques, idéographes, kinétographes, pictographes, régulateurs, rythmiques, etc. Pour un examen exhaustif de tous ces gestes, rendez-vous chez Introduction à la CommunicAction de Bouancheaux Zuckermandl et C&C Balestra.

43 Les techniques de relaxation et de respiration déjà évoquées réduisent fortement le trac déclenché par la prise de parole en public. Il en existe plein d'autres désormais accessibles gratuitement sur internet.

44 Vous me direz : "*et les acteurs de théâtre, ils apprennent bien par cœur, non ?*" Je vous répondrai : "*Exact, à raison de 8h/jour pendant 6 mois pour une représentation de 2h, qui plus est, rentabilisée par plusieurs semaines de soirées consécutives. Et je vous invite à laisser passer la première avant de vous y rendre*". Possédez-vous 240 heures consécutives à consacrer à une représentation unique de 20 minutes en *stand up* ? Vous rendez-vous compte combien l'exigence de votre prouesse dépasse largement la leur ?

à moins qu'elles le fassent à dessein, donc consciemment. Voilà précisément pourquoi l'usage hors cadre (sans but précis) de gestes descriptifs 'sonne' faux ou emprunté.

Ainsi, à l'oral, le recours aux gestes descriptifs se justifie lorsqu'il s'agit d'atteindre un objectif prédéterminé. En l'occurrence, répondre à un besoin précis : celui d'éclaircir le propos. Deux cas possibles (et cumulables) : le fossé linguistique de l'un ou l'autre émetteur et récepteurs ; et la complexité de la thématique que le sujet aborde. Voyons cela.

1. Le premier cas concerne davantage les émetteurs. Prenons l'exemple des étudiants d'expression étrangère en France. Ceux-ci risquent de prononcer les mots avec un accent ou d'une manière difficilement compréhensible d'un public qui, lui, s'exprime sans doute uniformément dans le même français maternel[45].

   Parfois, il conviendra d'accompagner l'expression difficile à prononcer d'un geste significatif qui facilitera la saisie du concept. Bien que de moindre mesure, ce conseil vaut tout autant pour les étudiants issus de régions francophones : Afrique, Belgique, Canada, Suisse, etc.,[46] et à plus forte raison pour tout français vivant dans ces pays.

CONSEIL : exposez votre travail devant un(e) ami(e) du cru de langue maternelle française. Il ou elle saura repérer les mots ou expressions à travailler aux plans verbal et gestuel. Répétez-les tout en en mimant le sens.

45 Situation semblable aux personnes souffrant d'un défaut d'élocution, auquel cas consulter les chapitres : 'Diction & Inspiration' ; 'Elocution & Prononciation Correctes' ; 'Fluidité de l'Expression' ; 'Timbre de voix & Respiration'.

46 Auxquels cas, un français saisirait tous les mots sans comprendre le sens de l'expression idiomatique. Par exemple, le « *je ne sais pas vous rendre la monnaie* » d'une caissière belge ou le « *ça peut mal* » si c'est vous qui en manquez.

2. Le second cas concerne davantage les récepteurs ; par exemple l'aide à la compréhension d'un système ou d'une combinaison complexes : mathématique, mécanique, médical(e), etc. Dans ce cas précis, la prononciation et l'accent n'entrent pas en jeu sauf si, bien sûr, vous cumulez les deux situations (bon courage ☺).

   Ici, vous devez mimer une opération ou une démonstration délicate(s). Vous allez en quelque sorte associer le son à l'image pour aider le public à vous suivre. Tout comme précédemment, demandez l'aide d'un(e) ami(e) pour déterminer les passages de votre exposé nécessitant un tel effort d'accentuation descriptive.

> **Répétez à la Jamiroquai !**
>
> **L'artiste s'est un jour vu demander d'où il tenait sa façon si singulière de danser. Il a répondu qu'en début de carrière, il écrivait des chansons à l'harmonie complexe. Pour capter (donc captiver donc capturer) son public et par conséquent pour le gagner à sa musique, il avait pris l'habitude de solfier cette harmonie avec son corps. Gestuelle descriptive s'il en est !**

✓ *Gestes d'accentuation.* Ces gestes expriment la conviction, ponctuent les idées, donnent du poids et confèrent du charisme. Les gestes rythmiques appartiennent à ce groupe et poursuivent le même but en régulant le propos plus qu'en éclairant l'expression. Jusqu'ici tout va bien. Le bât blesse lorsqu'au lieu de souligner le trait, vous le chargez à outrance.

Rythmer, oui. Marteler, non. Si vous n'y prenez garde, ce geste va très vite se tourner en mimique au point de se propager non seulement des doigts aux mains, mais aussi des mains aux bras jusqu'aux hochements de tête 'à la Oui-Oui'. Vous donnez l'impression que 'le son passe dans l'image' à l'instar des vieux postes de télévision aux chaînes mal syntonisées.

CONSEIL : exposez votre travail devant un(e) ami(e) qui saura repérer les gestes rythmiques qui impriment à votre corps des saccades ou un mouvement sempiternel. Ou alors, filmez-vous et repérez-les vous-même. Le truc qui tue : (re) visualisez votre prestation en accéléré.

✓ *Gestes parasites.* À proscrire pour toujours car détachés du message et surtout incontrôlés car inconscients. Du coup, ils vous trahissent et dévoilent vos émotions à qui sait les décoder ou, à minima, les ressentir. Dans le cadre d'une prestation à fort enjeu, deux catégories de gestes parasites vous concernent: les gestes self-adaptateurs et adaptateurs-objets.

1. Les gestes ***self-adaptateurs*** englobent tous les auto-contacts : et que je me 'grat-grat' (cheveux, nez, menton…) ; que je me caresse (tour d'oreille, cou, poignet…) ; que je me trifouille (bague, collier, bracelet…) ; que je me toilette (bouloches de pull, poussières sur les épaules…) et même, que je me micro-mutile (percer bouton, rogner ongle, arracher peau …).
2. Les gestes ***adaptateurs-objets*** sont appelés gestes de dérivation (car redirigés). Ils font 'payer' le stress à quelque chose (une règle) plutôt qu'à quelqu'un (l'assistance). Qui n'a pas triturer un stylo, plier/rouler/replacer à l'infini ses feuilles ou ses fiches ? Certains vont jusqu'à casser des craies ; par peur d'un public qui vous (les) casse ?

CONSEIL : en situation de stress, les gestes adaptateurs s'observent davantage que les gestes rythmiques. Il se peut qu'en répétant dans le calme de votre bureau ou de votre chambre, vous n'en manifestiez aucun. Auquel cas, anticipez. Si vous êtes étudiant, durant une présentation en cours d'année, demandez à un(e) camarade de classe de repérer vos gestes parasites et/ou de vous filmer. Idem dans le cadre professionnel avec un(e) collègue. Là encore, effet 'impitoyable' garanti.

Non, la gestuelle ne rend pas sourd. Au contraire, elle tend l'oreille du public, en bon langage corporel. Question : le propos de vos gestes s'accorde-t-il avec votre propos ?

EN BREF

La gestuelle, c'est la vie ! Vivez votre présentation : posture, expressions faciales, corps, bras, mains. Vous le devez d'abord à vous-même.

Quand vous vivez, vous ne pensez pas : "*tiens, je dois vivre ?!*" Pareil, ne pensez pas : "*tiens, je dois faire des gestes ?!*" Laissez votre corps s'animer.

Toutefois, certains des gestes que vous adoptez spontanément sont vos ennemis : les rythmiques parfois, les adaptateurs toujours. Localisez-les et éliminez-les.

Si nécessaire, ajoutez une pincée de gestes 'descriptifs' pour préciser le propos. Maîtrisez bien votre matière pour laisser s'exprimer visiblement votre pouvoir affectif.

NATUREL

Le naturel est inné. Quand tout va bien, vous êtes naturellement bon. Et quand tout va mal ? Pareil, vous êtes naturellement mauvais. D'où la nullité du conseil : sois naturel !

Et aujourd'hui ça va mal puisque c'est 'soutenance orale' devant un jury ou Codir ou Comex. Maman vous a pourtant rassuré(e) : "*Tu n'as qu'à être toi-même.*" Justement, vous l'êtes totalement, en proie au stress.

QUOI

Capacité à 'parler vrai', spontanément, de manière conversationnelle, comme si le public et vous vous connaissiez depuis toujours. La dignité dans la sobriété, quoi.

POURQUOI

Le public ne vous "*sent pas*" si vous vous sentez mal. Mais si vous semblez à l'aise avec lui, pas de malaise. Comme dans l'alimentaire, le naturel inspire confiance. Bref, ***soyez bio vous serez bon***.

COMMENT

Paraître naturel ? Fastoche ! Ni extravagant ni renfermé. Ni affecté ni désinvolte. Ni guindé ni gauche. Ni détaché ni anxieux... Relax malgré tous ces yeux braqués sur vous ! Le naturel est inné ? Sûr ! Pour les mauvaises habitudes : "*chassez le naturel il revient au galop*". Quand il s'agit des bonnes : "*le naturel se travaille*". Accroche-toi. Bref, être *vraiment* naturel consiste à projeter une *apparence* de bien-être. CQFD.

1. *Mentir vrai*

C'est tricher alors ? Disons que c'est 'mentir vrai' puisque vous désirez *vraiment* vous sentir bien. Eh bien, faites comme si. En général, vous faites déjà 'comme si', mais en négatif : vous ne voulez pas 'porter le masque' durant votre prestation et pourtant si, vous l'affichez ! Visage et regard figés. Vous donnez l'impression de ne pas y croire et pourtant si. Ici, vous 'véritez' faux[47].

En vous efforçant délibérément de poser un sourire, de desserrer les jambes, de décroiser et d'ouvrir les bras, en trois mots : de paraître naturel, cette mécanique pure déclenchera dans votre cerveau une réaction chimique provoquant un bien-être et facilitant par conséquent le sentiment de naturel. Concrètement, plus vous vous efforcez de paraître naturel, plus vous le devenez.

CONSEIL : mimez la joie, la détente, le bien-être.

Vous souvenez-vous de cette publicité pour un yaourt dont "*le bien qu'il faisait à l'intérieur se voyait à l'extérieur ?*" Eh bien la réciproque est vraie, elle aussi.

Cassez le cercle vicieux du manque de naturel : adoptez une gestuelle positive, ouverte ; et laissez le bien-être vous envahir. Votre taux de cortisol chute en quelques minutes. C'est prouvé.

Une ASTUCE ? Peu avant votre oral, isolez-vous (aux toilettes) et 2 minutes durant, mimez en souriant l'étoile à 5 branches, bras et jambes écartés au maximum. Dites : "*je suis une star*". Et pensez-le !

---

47 Intéressant ces cultures qui offrent son verbe au substantif 'mensonge' mais refusent obstinément d'en offrir un à 'vérité'. Aussi l'offré-je conscient que, n'appartenant pas au sérail de l'académie française, ce néologisme restera un barbarisme. À moins que le peuple s'en empare.

2. ***Oubliez qui vous êtes et ce que vous dites***

   Rien d'anormal à se soucier de son ego. Mais les choses se gâtent pour qui s'en soucie trop au point de se laisser paralyser par l'image qu'il croit projeter de lui et de sa présentation. Savez-vous reléguer au second plan votre personne et vos idées au profit d'une attention sans faille portée à votre public et selon l'enjeu, d'abord à votre jury ou à votre boss, afin d'interagir en totale phase avec eux ?

   Pour y parvenir avec succès, répétez (encore et encore) dans un cadre plus détendu afin de programmer votre cerveau à restituer en direct (en *live* > en vivant) dans un contexte plus stressant, ce comportement plus serein, donc plus empathique. Vous êtes fier de votre thématique ? Visualisez le plaisir que votre auditoire éprouvera le jour 'J' à en découvrir le déroulement.

Authentique => Empathique ≠ emphatique

Contrairement à l'idée répandue, le naturel exclut l'emphase telle que les effets de voix et de manche propres à bien des avocats. Paradoxalement, affectation, tonitruance, cabotinage et grandiloquence sont les mamelles d'une présentation ampoulée qui focalise indûment l'attention de tous - juges, jury et jurés compris - sur l'orateur, au point de les agacer et de les détourner du message.

"Ne t'inquiète pas, tout va bien se passer."
N'écoutez cette prophétie que si vous vous êtes personnellement engagé(e) à la réaliser en travaillant pour.

EN BREF

Le naturel est autant inné (puisqu'il suffit de le chasser pour le voir revenir au galop) ***qu'acquis*** (puisqu'il se travaille - dans la douleur).

Bref, la chance du débutant exclue, vous êtes naturellement bon dans l'art que vous possédez et naturellement mauvais dans l'art que vous ignorez.

Ici, ***être*** naturel consiste à ***paraître*** naturel. Pour commencer, apprenez à 'mentir vrai' : jouez à "***je suis détendu***". Les neurosciences ont confirmé la méthode Coué.

Poursuivez en cessant de vous focaliser sur votre sujet (vous) et votre objet (votre discours). C'est bon, vous les connaissez déjà... si vous vous êtes correctement préparé[48].

48 Voir chapitre précédent : 'Gestes parlants' sous-titre 'N'y pensez plus'. En substance, durant la répétition concentrez-vous sur les idées et leurs mots clés ; et surtout pas sur les phrases formulées pour les dire. Et durant la présentation, concentrez-vous sur votre public.

POSTURE ET APPARENCE

Notre allure en dit long sur nous. "*L'habit ne fait pas le moine*" nous rappelle *a contrario* que si, justement, l'habit fait le moine !

Nous jugeons les autres principalement selon des critères visuels. Juste retour des choses : les autres aussi nous jugent ainsi.

QUOI

Le bon maintien d'une personne digne et soignée dans les limites de la bienséance implicitement fixées par ses juges témoigne d'une subtile communication visuelle.

POURQUOI

Votre allure influence la façon dont le public vous considère, donc vous écoute. Il doit croire que votre posture et votre apparence expriment votre intérêt pour lui.

COMMENT

Avant même d'écouter un interlocuteur, vous le regardez. Vous le scannez en quelque sorte, de haut en bas et de bas en haut, avant de finalement vous concentrer sur ses propos. Cette opération, le plus souvent inconsciente, ne prend qu'une à deux secondes. Si nous agissons tous ainsi, ne vous attendez pas à ce que votre public déroge à cette règle. Au contraire. Le cadre formel de votre prestation va plutôt amplifier le phénomène.

1. ***Posture***

   Deux choses déterminent ***la statique*** de votre posture : la constitution de votre squelette et la manière dont vous le positionnez. Bien que votre marge de manœuvre demeure étroite, vous pouvez toujours tricher un peu pour corriger la perception que vous véhiculez. L'idée consiste à se tenir raisonnablement droit afin de donner l'impression d'être 'aligné', donc impliqué, confiant et maître.

   Un second aspect concerne ***la cinétique*** de votre posture à savoir le déplacement de votre centre de gravité. Il en résulte un groupe de positions révélant des attitudes mentales et par conséquent une impression finale. Idéalement, tout en assurant un bon maintien, en vous penchant légèrement en avant avec une gestuelle ouverte, vous optimisez votre osmose avec votre public[49].

2. ***Dress & grooming (apparence visuelle / look : soin, style et tenue vestimentaire)***

   Deux mots : bon sens. Chacun ses goûts. Vous ne vous habillez pas comme tout le monde et vous n'êtes pas censé(e) le faire. Tout va bien. Pour autant, certains principes directeurs restent de mise. Vos choix s'inscrivent dans une normalité. Ainsi, plus vos codes se rapprochent de ceux de votre public, plus celui-ci se place en empathie. En outre, la correction de votre tenue rejaillit sur la cause que vous défendez.

49 En résumé : penché en avant gestuelle ouverte : écoute proactive et accord avec l'autre. En arrière ouvert : en réflexion (suspension temporelle) mais en lien. En arrière fermé : désaccord, rupture de lien et évasion (volonté de fuir). En avant fermé : désaccord total et prêt à en découdre (physiquement, au-delà de la joute orale). Voir pp : 146-150 et 256-259 de Introduction à la CommunicAction de Bouancheaux Zuckermandl et C&C Balestra (éd. la Charte) traitant en détail les postures et leur signification.

Check-up avec un(e) ami(e) qui vous veut du bien

Tout est-il propre, bien arrangé ? Votre chevelure est-elle soignée ? Pellicules ? Lunettes grasses ?

Votre aspect reflète-t-il l'idée que le public peut se faire d'un professionnel / d'un étudiant / d'un orateur sérieux et appliqué ?

Existe-t-il une raison de penser que votre apparence puisse le détourner de vos propos ?

'Bon sens' implique aussi tact et bon jugement. Vous ne voudrez pas éloigner ou distraire l'auditoire du corps de votre sujet en attirant indûment son attention sur le vôtre, aux plans visuel et/ou olfactif[50].

Idem pour vos accessoires : des feuilles de brouillon chiffonnées ; des fiches écornées ; des tâches de gras du dernier quatre-heures ou du sandwich-club du plus bel effet… repoussoir.

Travaillez pour attirer l'attention sur le corps de votre sujet et non au sujet de votre corps !

50 Quid de la communication olfactive ? En général, culturellement pas la bienvenue dans le cadre d'une atmosphère (ambiance) formelle et/ou d'une atmosphère (qualité de l'air) aseptisée. Par conséquent, optez impérativement pour un déodorant au sens étymologique du terme ; voire un anti-transpirant si vous savez combien le stress peut engendrer chez vous une sudation abondante donc visible. Quant au parfum… éviter les flagrantes fragrances ; parce que, outre les allergies dont peuvent souffrir à votre insu des membres du public, sa force peut aussi en incommoder voire en indisposer plusieurs. Par ailleurs, il se trouve peut-être que vous n'avez jamais fréquenté d'ami(e) suffisamment proche pour vous confier que, non, vraiment, votre parfum préféré ne sied pas du tout à votre peau. Il vire et le prochain sur la liste… c'est vous !

EN BREF

Votre posture résulte de votre morphologie mais aussi de la façon dont vous vous tenez. À tort ou à raison, elle envoie de vous une image positive ou négative.

Sachez l'identifier car vous possédez une certaine marge de manœuvre pour corriger votre posture et passer du mode fugitif à proactif.

Optimisez et peaufinez votre posture en portant grand soin à votre hygiène corporelle, votre tenue vestimentaire et vos accessoires.

Que l'expression de la communication olfactive soit taboue ou non, elle n'en fonctionne pas moins. Ce n'est pas parce que le public vous sent qu'il vous sent bien.

AIDES ET SUPPORTS VISUELS

Les aides visuelles ne servent ni à se substituer à l'orateur (ni clone) ni à divertir le public (ni clown). Là se cache pourtant les deux écueils pour discoureur en mal de contenu palpitant.

Œil et ouïe : en multipliant les canaux de réception de votre public, vous renforcez l'impact de vos propos et gravez votre cause plus durablement dans sa mémoire.

QUOI

Un diaporama, des posters, cartes, plans, graphiques et/ou des objets : accessoires, maquettes, etc., font passer le message de manière plus vivante[51].

POURQUOI

Un soutien visuel adéquat illustre, clarifie et renforce le discours véhiculé tout en laissant à l'auditoire une impression plus durable que la seule parole.

51 Voir Introduction à la CommunicAction de Bouancheaux Zuckermandl et C&C Balestra (éd. la Charte) qui offre 5 conseils supplémentaires d'utilisation des supports visuels (pp : 255, 256) outre un chapitre sur l'impact à l'oral.

COMMENT

Les aides et supports visuels ne sont *jamais* neutres : soit ils ajoutent soit ils enlèvent de la qualité perçue. Car non seulement recourir à des béquilles visuelles ne fait que souligner l'infirmité d'un discours boiteux, mais il distrait l'auditoire de votre personne. Sachez donc recourir aux accessoires et images avec circonspection. Mais comment manipuler cette arme à double-tranchant ? Do's & don'ts :

Les deux effets K.I.(S.)S.S. cool[52] d'une aide visuelle qui impressionne

1er effet KISSS cool : on se souvient durablement de l'idée ou du concept qu'elle vient d'éclairer ou d'appuyer. Car voir, c'est croire.

2e effet KISSS cool : on se souvient durablement de vous avec effet "tiroir-caisse immédiat" : on vous trouve sympathique. Car croire, c'est pourvoir.

1. *'Not to do' list*

Voici une liste non exhaustive des pièges à éviter avec un diaporama, l'outil le plus usité de tous. Quelle que soit la radicalité du piège mentionné, très difficile de rattraper le coup quand on y tombe. Alors mieux vaut anticiper.

- ✓ *Faute d'orthographe, le feu de l'action s'éteint !* Une bonne orthographe respecte et flatte l'intelligence du public, qui y veille : toute erreur d'écriture se paie *cash*. Bonne nouvelle : un bon diaporama comporte peu de mots. Mauvaise nouvelle : les fautes ressortent encore plus !

---

52 *Keep it (Stupid) Short and Simple!* > "*Maintenez-le (stupidement) court et simple*". Stupide en apparence bien sûr. Un style minimaliste sera tout sauf stupide car - vous ne le savez désormais que trop bien - ça prend du temps de faire court et c'est compliqué de faire simple. Donc, style dépouillé mais pas simpliste.

✓ *Une diapo pleine de texte ne passe pas le test.* La diapositive N'est PAS une feuille A4. Alors pas de phrases ; mais des mots. Votre argumentation est fouillée ? Plusieurs diapositives espacées valent mieux qu'une seule diapositive surchargée. (voir exemples ci-après)

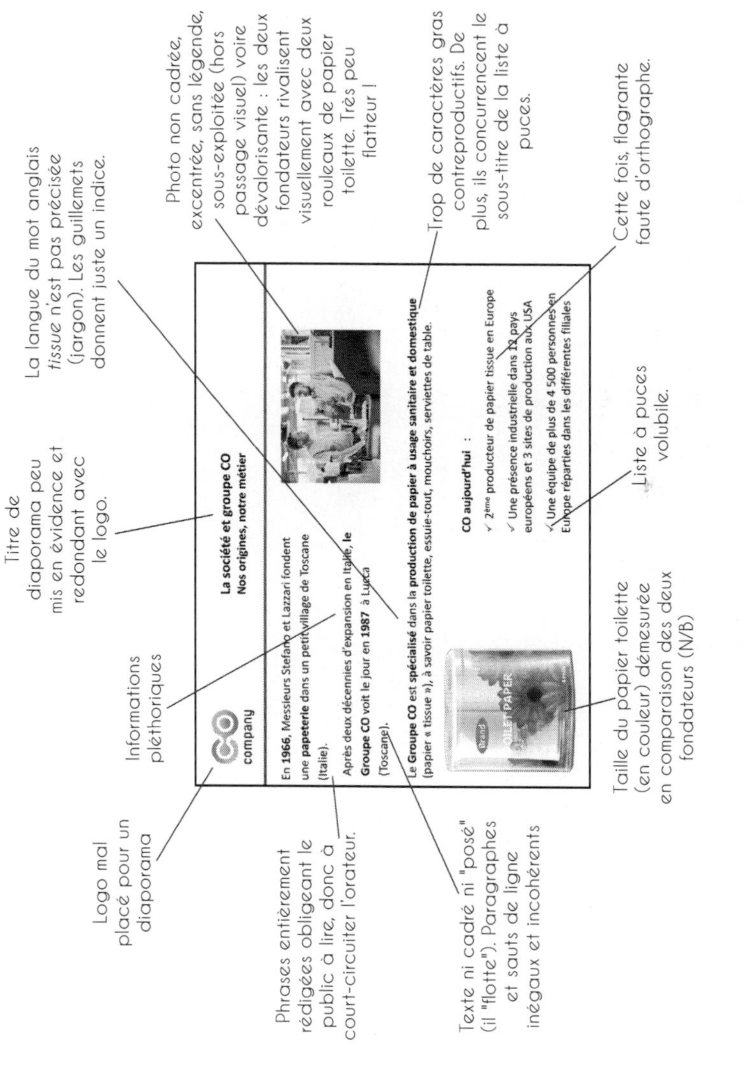

Exemple d'une diapositive rébarbative et soporifique

✓ *Les 'puces' de l'émetteur ne font pas aboyer les récepteurs.* Une liste à puces, c'est toujours mieux qu'un pavé de texte mais trop de *bullet points* ça peut vous tuer quelqu'un. On vous zappe, on lit tout mentalement bien plus vite que vous... et on se lasse... à en mourir.

✓ *Les effets spéciaux en masse ne sauvent pas un scénario à la masse.* Comme pour les blockbusters hollywoodiens. Bien plutôt, ils l'achèvent. Vraiment. J'ai vu des publics et des jurys se faire saouler au *Prezi*[53] à en chopper la nausée. Bref, la sobriété contre l'ébriété.

✓ *Le projecteur lave plus blanc les feux d'artifice visuels sur moniteur.* Un ordinateur éclaire l'image par derrière. Et un projecteur ? Sa fonction est dans le mot. Conclusion : rien de mieux qu'un texte en noir sur fond blanc[54].

✓ *Lire le texte offre les vertus du meilleur somnifère.* Nous l'avons déjà souligné : quand vous a-t-on lu une histoire (et c'était une bonne histoire !) pour la dernière fois ? Et dans quel but[55] ? Si vous voulez vraiment endormir votre assistance, vous possédez la recette.

---

53 Outil de modélisation de présentations graphiques, à l'image de PowerPoint, qui privilégie le cheminement mental.

54 Pour ne rien arranger, les conditions d'éclairage sur site sont souvent déplorables. Ainsi, dans les salles de classe et de conférences, l'écran de projection est souvent surmonté d'un plafonnier, diminuant davantage encore le contraste entre les couleurs. Pour couronner le tout, trop souvent sa mise sous tension demeure reliée à l'éclairage de tout le lieu : on éteint tout ou on allume tout. Bref, recourez aux couleurs avec parcimonie et discernement ; et si possible après les avoir testées en condition de projection. Préférez les couleurs primaires, foncées et très contrastées aux teintes claires et pastel. Et écrivez toujours en noir sur fond blanc.

55 Voir chapitre 'Fiches rassurantes' > Comment.

Vous voulez regarder votre diapositive sans en avoir l'air ?

ASTUCE : pour décrire un schéma ou un graphique, plutôt que d'utiliser le moniteur de votre ordinateur - ou pire, l'écran mural - comme prompteur, utilisez plutôt un pointeur.

Il existe des tiges télescopiques et mieux encore, une petite lampe laser incorporée à votre télécommande de diaporama. Les yeux du public s'aimantent comme par magie sur le pointeur comme ceux d'un chat sur une souris.

Et personne ne vous reprochera de regarder la diapositive avec eux, surtout s'il s'agit d'expliquer ou de détailler un point technique.

✓ *À trop (ad)mirer votre présentation, elle vous absorbe, donc vous cannibalise.* Même si vous la *kisssez* grave *cool.* Souvenez-vous des regards de fuite[56]. Vous indiquez au public qui est la vedette : votre diaporama ! Alors autant quitter la piste tout de suite.

56 Voir chapitre 'Regard et expressions faciales' > 'Not to do' list.

Comment ne jamais tourner le dos au public ?

Cessez de mimer les systèmes d'arrosage en rotation des pelouses de parcs. C'est connu, plus vous regardez votre PowerPoint, plus vous vous tournez vers lui et plus vous vous détournez du public au point de lui offrir… vos fesses. Et c'est la fessée. Comment éviter ce piège ?

ASTUCE : vos pieds doivent toujours regarder le public
(œil-de-perdrix ou pas ☺) !

Classiquement, par stress, timidité ou manque de préparation (quand vous ne possédez pas suffisamment bien votre texte), dès que vous regardez le diaporama, vos pieds se tournent vers l'écran, obligeant votre corps à imprimer une rotation de retour vers le public pour établir un contact visuel.

Si vos pieds "regardent" le public - c'est-à-dire si vous maintenez la pointe de vos chaussures positionnée face au public - vous devez alors tordre votre bassin vers l'écran pour y lire ce qui est écrit. En le quittant des yeux, votre buste revient naturellement en position droite face public sans devoir consciemment y penser.

2. *'To do' list*

Rappel : les membres du public restent des êtres humains ☺. Si vous commettez des impairs, sans doute les commettent-ils aussi de leur côté, du moins en partie. Toutefois, ça ne les empêchera pas forcément de vous zapper. Donc…

✓ *Exercez votre bon sens visuel.* N'offrez que ce que vous achèteriez vous-même. Des diapos simples et claires : seuls les mots clés y figurent. Les graphiques sont lisibles, les (maximum) 2 ou 3 chiffres clés mis en évidence…

- ✓ *Jouez-la sobre.* Vous présentez un travail scientifique ? Votre animation soulignera la rigueur de votre présentation. Elle se concentrera surtout sur l'apparition discrète et la succession fluide des diapositives.
- ✓ *Excitez vos "puces".* JAMAIS statiques, vos expressions listées apparaissent au fil de votre présentation afin de constamment relancer l'intérêt de l'assistance. Sinon, elle découvre par avance votre déroulé voire en anticipe les applications. Vous êtes mort !
- ✓ *Suscitez la curiosité grâce à l'effet de contraste.* Rien de mieux que de faire succéder une image par un mot-clé ; ce mot par une photo ; celle-ci par un graphique ; celui-ci par un chiffre ; le chiffre par une courte liste de 3 puces, etc.
- ✓ *Rendez-vous lisible.* Les phrases se lisent tandis que les mots se flashent. Optez pour une police / typographie facile à déchiffrer, sans sérif, ronde : Arial, Calibri, Segoe, Tahoma... (pas Times). Ne descendez pas sous la taille 20.
- ✓ *Inspectez les lieux.* Si espace intérieur : public ou privé/privatisé ? Dans une pièce, une salle, un hall... ? Si espace extérieur : public ou privé/privatisé ? Dans un jardin, un parc, un stade... ? Anticipez les conditions propres au cadre dans lequel vous interviendrez.
- ✓ *Vérifiez les équipements et l'éclairage.* Évaluez les conditions de vision et d'écoute. Si éclairage artificiel : réglable, extinction partielle ? Si lumière naturelle : des rideaux, des volets ? Le soleil entre-t-il ? Si oui, de quel côté[57] ? Quid de la sonorisation ?
- ✓ *Rééditez vos graphiques et tableaux* (au besoin). Leur compréhension et lisibilité au premier coup d'œil (au moins 24 de taille) nécessitent souvent un petit relooking à partir de votre document écrit. Résistez au copier-coller[58].

---

57 Pour ces raisons et celles évoquées aux chapitres précédents, tâchez au préalable de vérifier sur place votre présentation sur grand écran, à l'endroit même où elle se déroulera.

58 Pour renforcer votre discours, attirez l'attention sur les valeurs importantes et points clés de vos tableaux et graphiques en les faisant apparaître en cours d'explication : légende, flèche, caractère gras, effet de loupe, etc.

Contrexemple de la diapositive précédente :

Titre de diaporama ramassé et mis en exergue (taille typo + Gras)

CO : nos origines, notre métier

1966 : début à Lucca, Toscane

Idem pour le titre de diapositive. Sibyllin, il offre à l'orateur de développer le propos. Noter que "Italie" a disparu (anticipation de ce que le public sait déjà).

Les (sous-)titres, le cadrage, la mise en page, les marges, retraits, choix de typo et tailles de typo, etc., le logo ; la cohérence demeure la même pour les trois diapositives.

Messieurs Stefano et Lazzari dans leur papeterie

Visuel toujours légendé et offert en lecture au public (ne pas lire /citer)

CO company

Signature toujours posée en bas à droite en fin de parcours visuel. Elle pose le cadre.

On passe d'une diapositive à trois diapositives qui s'équilibrent : style cohérent, mots clés, sobriété et logique de déroulé.

CO : nos origines, notre métier

1987 : naissance de CO

Le titre de diapositive offre toujours à l'orateur la possibilité de développer.

Chaque image offre à l'orateur d'énoncer (et de détailler) chaque activité de l'entreprise sans que le public doive la lire > pas de répétition.

Chaque visuel n'apparaît que lorsque l'activité est nommée : mouchoirs puis essuie-tout puis serviettes puis papier toilette.

Production de papier à usage sanitaire et domestique

CO company

L'emplacement de ce "socle" visuel confère à l'entité assurance, confiance en soi et détermination.

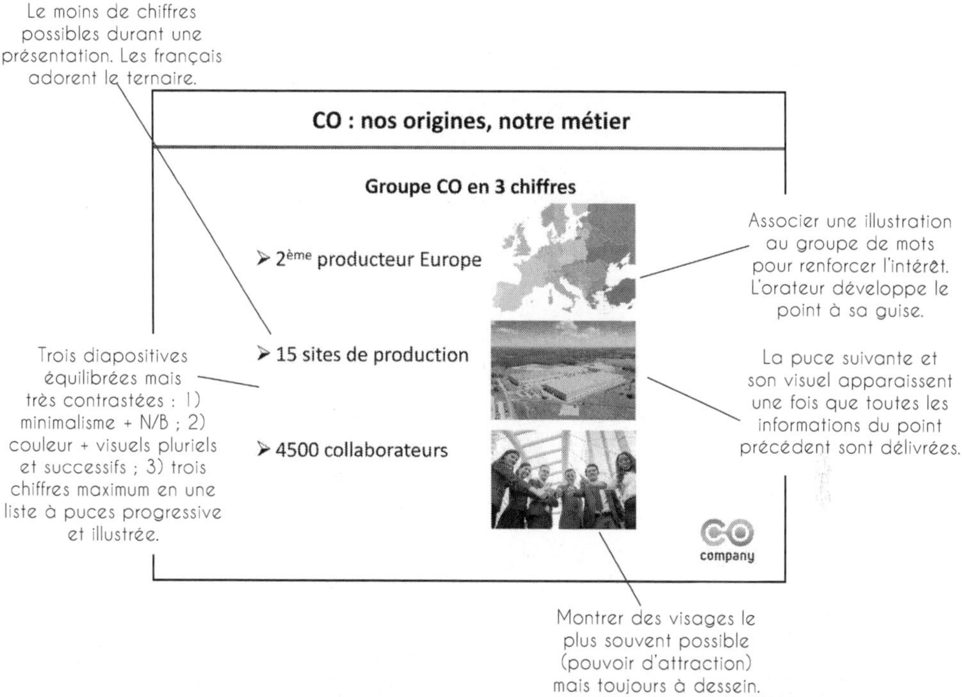

Vous voulez honorer l'intelligence de votre public ?

Alors *please*, pas de "*fête à neuneu*", alias le public. Car Neuneu note… et Neuneu saque. Ne l'infantilisez donc pas avec des accessoires dépourvus de valeur ajoutée comme montrer une pomme pour aborder la loi de la gravité de Newton (même ça).

Ou (c'est du vécu) : un os pour évoquer le calcium, une grenouille pour la météo, une torche pour le siècle des lumières, etc. A quand le melon pour symboliser la grosse tête de l'orateur et la (bonne) poire pour le public ?

Demandez-vous : cet accessoire contribue-t-il réellement à clarifier mon verbal ; à démontrer, à prouver ou à illustrer intelligemment la véracité de mes affirmations ? Sans lui, mon discours perd-il quelque chose ? Si la réponse est non, remisez l'accessoire en question.

Axiome : la gorge fait le soutien et non l'inverse. Traduction : quelle que soit l'aide qu'apportent vos supports visuels, seule la profondeur de vos propos emportera la mise.

EN BREF

Œil et ouïe : en multipliant les canaux de réception du public, vous renforcez l'impact de vos propos et gravez votre cause dans sa mémoire.

Les supports visuels ne sont jamais neutres : soit ils ajoutent soit ils enlèvent de la qualité perçue. Ils ne vous remplacent pas (ni clone) ni ne divertissent votre auditoire (ni clown).

Une aide visuelle adéquate illustre, renforce et clarifie le discours véhiculé tout en laissant à l'auditoire une impression plus durable que la seule parole.

Outre les *do's & don'ts* scrupuleusement respectés, *KISSSez* grave *cool* votre présentation. Ne quittez pas le public des yeux et flattez son intelligence.

DEGRÉ DE SYMPATHIE

(VITESSES V, V' ET V" EN ACTION)

POSITIF ET CONSTRUCTIF

> **Pour un seul exemple bénéfique, tant de contrexemples possibles. Alors, quel avantage à s'appesantir sur des considérations négatives ou des erreurs ?**

La modestie commande la franchise. Il n'est donc pas forcément souhaitable de passer sous silence vos faiblesses, surtout si le public les connaît. Il n'est pas davantage souhaitable de toutes les passer en revue.

QUOI

Transmettre du concret qui élève : pourquoi et comment améliorer une situation ; et quels bienfaits retirer de l'application de ces changements ou ajustements.

POURQUOI

Trop s'attarder sur vos défauts suscite des attentes élevées que votre solution doit pouvoir combler dans toute sa mesure. Evoquer vos futurs succès galvanise, insuffle de la confiance et renforce l'adhésion.

COMMENT

L'art consiste à proposer un ensemble de points et d'idées contrastés qui se contrebalancent. Raisonner avec le public l'aide à prendre de la hauteur et lui procure une satisfaction globale sur l'ensemble de la prestation.

1. ***Préparez le terrain à votre solution***

   Pas d'auto-flagellation. À faible dose et surtout dans le cadre d'une présentation sous la forme problème-solution, des éléments négatifs ou contrexemples peuvent :

   - ✓ faire *ressortir les causes* profondes d'une situation ;
   - ✓ *souligner le bien-fondé* du thème proposé ;
   - ✓ mettre en *exergue votre proposition*, et par conséquent :
   - ✓ montrer *pourquoi votre solution est réaliste* et applicable.

2. ***Éliminez tout propos négatif "gratuit"***

   Les médias, c'est connu, ne s'intéressent qu'aux trains en retard. Tellement qu'ils nous rendent insensibles aux *vraies* mauvaises nouvelles. Aussi vous devez :

   - ✓ déterminer *quelles idées éliminer*, même si vous les adorez ;
   - ✓ déterminer *quelles idées sélectionner* (choc), celles qui servent directement le propos ;
   - ✓ *les hiérarchiser* et ne garder juste que les deux plus impressionnantes ;
   - ✓ N'y *consacrer au plus qu'1/5e de votre temps* de parole.

3. ***Offrez un vrai contrepoids édifiant***

   Quel que soit l'orateur et le thème, le public attend des propositions, pas seulement un état des lieux. Si vous êtes étudiant, en principe, à ce niveau d'études, votre esprit de synthèse n'est plus à prouver.

   - ✓ *Décrivez peu et construisez beaucoup* et (surtout) bien ; et crescendo !
   - ✓ L'impact positif de vos *propositions* doit *doubler la mise...*
   - ✓ ...*répondre aux attentes suscitées* par le tableau noir dressé en amont...
   - ✓ ...déboucher sur une *conclusion clairvoyante* et positive... Et l'emporter !

Insistez peu sur "*le côté obscur de vos forces*". La critique - la vraie - est difficile et l'art pour en doser l'exercice ne l'est pas moins.

EN BREF

Une progression "à la électroencéphalogramme plat" n'incite pas le public à jubiler. Sa journée est longue. Ne soyez pas celui par qui le *spleen* arrive.

Dosez les considérations négatives à mettre en exergue. Retenez la (voire les deux) plus parlante(s) et n'y consacrez qu'1/5e de votre temps de parole.

Un véritable esprit critique, modeste et mesuré, relève tant les aspects négatifs que positifs d'une proposition. Il se montre constructif plus que descriptif.

Votre force de proposition doit percuter votre public deux fois plus que votre force de constat ; sinon votre solution pourrait bien se transformer en pétard mouillé.

CONVICTION

La conviction gagne l'esprit quand l'assurance de soi gagne le cœur (chapitre suivant). **En elle-même, la conviction est contagieuse : elle détient un pouvoir de propagation.**

Ç'aurait pu être un gag, mais non. Le célèbre "*je vous ai compris !*" a vraiment calmé le jeu, apaisant un temps les tensions de millions de personnes que tout opposait.

QUOI

Parler d'une manière qui atteste le plein accord avec soi, sans jamais apparaître borné, dogmatique ou arrogant.

POURQUOI

Lorsqu'une personne s'exprime avec conviction, elle encourage les autres à prendre ses paroles au sérieux. En outre, elle les prédispose à accepter sa conclusion.

COMMENT

Qui dit conviction dit sincérité. Si nous donnons à nos interlocuteurs l'impression de feindre (d'où le mot feignant), ils trouveront notre message creux, sans fondement. Par conséquent, montrez-vous authentique. Pour cela, donnez-vous en les moyens[59].

---

59 Voir chapitre 'Naturel' qui explicite le sens véritable de l'authenticité : "être soi-même".

1. ***Préparation en amont***
   - ✓ D'ores et déjà, la préparation doit *tenir compte* de la situation du public : prendre acte de sa connaissance du sujet et apprécier son a priori sur la question[60].
   - ✓ Un *plan intelligent*, qui prend habilement l'auditoire par la main pour le guider vers le chemin que vous lui proposez d'emprunter, ça se prépare !
   - ✓ Ensuite, tout temps fort de votre exposé doit se *vivre en direct*, c'est-à-dire les yeux dans les yeux, dans l'intensité d'un regard partagé !
   - ✓ Dès lors, comment délivrer cette substantifique moelle si vous êtes totalement rivé à vos notes ? *Possédez parfaitement* le nec de votre discours.

2. ***V, v' et v'' en action***
   - ✓ Ici, les mots employés jouent un grand rôle. Bien dire les choses signifie les dire comme le public les dirait. *Utilisez ses mots, pas les vôtres*[61].
   - ✓ Un débit fluide renforce la conviction du récepteur[62]. Par conséquent, *travaillez* avec beaucoup d'application *votre cheminement mental.*
   - ✓ Quel que soit le timbre de votre voix, votre conviction s'entendra si vous êtes pleinement *persuadé que votre auditoire a besoin d'entendre* ce que vous souhaitez lui délivrer.
   - ✓ Votre posture, vos gestes, l'intensité de vos expressions faciales, doivent offrir un tout harmonieux (≠ discordant). *Votre corps doit être aligné*[63].

---

60 Le chapitre suivant 'Assurance' développe davantage l'aspect 'préparation' dans le but de convaincre.

61 Voir chapitre 'Poids des mots'.

62 Voir chapitre 'Fluidité de l'expression'.

63 Vous vous trouvez timide ? Tournez-vous vers l'ouvrage du coach Gilles Serpry : "Quand je serai grand, je serai moi… mais en mieux." Éditions la Charte, collection "La clé des gens".

Convaincre = "vaincre avec" > épaule contre épaule et non face contre face. Rangez donc le public de votre côté en la jouant judo (en finesse) plutôt que sumo (en frontal).

EN BREF

La conviction se gagne sur le champ de bataille des neurones et se propage à la vitesse v, v' et v''. Vous tenez entre vos mains la stratégie pour réussir.

Impossible d'être en accord avec son auditoire sans être en accord préalable avec soi-même. Soyez aligné, en pleine conscience et présence à soi.

Le sérieux de la conviction prédispose à accepter le sérieux de la cause / de l'offre. Êtes-vous totalement convaincu de la véracité de votre proposition et de son intérêt pour l'auditoire ?

Alors, employez un langage qui reflète votre conviction en y intégrant les mots qui appartiennent à votre public ; car ses mots déclenchent ses images mentales ; forcément idoines.

ASSURANCE

Qui dit assurance dans la forme, dit vérité dans le fond. Cela ne reflète peut-être pas la réalité ; mais le sentiment véhiculé, lui, est bien réel.

Vous n'exposez pas votre sujet tout à trac ; et pourtant vous éprouvez tout le trac du monde. Il résiste même aux propos lénifiants de votre maman[64]. Que faire ?

QUOI

Dans le calme et la dignité, discourir avec un sang-froid manifeste. Le tout véhiculé par une posture digne, un maintien naturel, propre à la circonstance.

POURQUOI

Celui/celle qui dégage de l'assurance soulage le public (*"ouf ! Enfin un(e) qui semble s'y connaître"*), le met en confiance et l'invite à se laisser absorber par le propos.

64 "*T'inquiète pas mon petit chou. Ca va aller.*" Voir chapitre 'Naturel'.

COMMENT

Cette présentation, vous l'assumez. Vous voulez tellement bien faire. Mais l'émotion vous gagne et l'angoisse de ne pas vous montrer à la hauteur vous étreint. Vous n'êtes cependant pas obligé de souffrir "à la Gaston Ouvrard"[65].

1. *Pourquoi ce manque d'assurance ?*

Tout d'abord, sachez qu'il est normal, voire même salutaire, de se sentir nerveux. La célèbre actrice Sarah Bernhardt aurait ainsi mouché une jeune comédienne se vantant de ne jamais ressentir de peur en montant sur scène : "*Ne vous inquiétez pas mon petit, ça viendra avec le talent !*" Pour Sarah, pas de doute, le trac, c'est "*la marque des grands*".

Seulement, votre corps ne connaît qu'un moyen de gérer la peur : décupler son énergie… pour fuir ! Le cerveau commande à l'organisme de produire plus d'adrénaline ; qui accélère le rythme cardiaque, donc la respiration ; qui augmente la transpiration ; provoque des rougeurs ; fait trembler la voix, les mains et les genoux, etc. Bref, Bernhardt versus Ouvrard.

Quelques (!) symptômes du manque d'assurance, de haut en bas :

Visage : qui gratte partout ; rougeurs ; regards évasifs ; battement trop rapide ou trop lent des cils ; tremblement des paupières, des narines, des joues, du menton (comme subissant une décharge électrique) ; frissons au sommet du crâne, etc.

Bouche, organes vocaux : s'humectant fréquemment les lèvres ; (r)avalant sa salive sans nécessité ; bouche pâteuse ;

---

65 La fameuse chanson du comique troupier hypocondriaque : "*J'ai la rate qui s'dilate, la poitrine qui s'débine, j'ai le ventre qui se rentre, les guiboles qui flageolent, j'ai les g'noux qui sont mous, la luette trop fluette, etc.*".

organes du palais et de la gorge en lutte > articulation qui s'enraye et débit qui s'emballe, langue qui colle, etc.

Corps : posture avachie ou trop raide ; se dandinant du buste. Si repas peu de temps avant (très déconseillé), système digestif en lutte avec système respiratoire ; respiration trop rapide et trop courte, voire apnée > nausée, évanouissement…

Bras : soit croisés, soit serrés sur les flancs coudes au corps, soit se balançant le long du corps en parallèle comme pour s'élancer ; dans le dos tel un fusillé ; gestes fébriles, inachevés, saccadés, trop descriptifs, qui martèlent les phrases, etc.

Mains : nouées dans le dos ; raides sur les jambes ; en bouclier agrippées aux fiches ou au pupitre ; en cache-sexe ; l'une attrapant le poignet de l'autre ; un coup dans les poches, un coup en dehors ; tirant sur (ou soulevant) les vêtements ; enlevant les bouloches ; (re)coiffant les cheveux ou les replaçant derrière l'oreille ; touchant les lunettes ; grattant machinalement la joue, le nez, le cou, sous l'oreille, les sourcils ; triturant les accessoires : montre, stylo, pointeur, boutons de manchette, bijoux, alliance, fiches, etc. ; micro-automutilations : peaux, ongles… Liste difficilement exhaustive.

Pieds : tournés sur le côté (vers la sortie) ; se gondolant bien parallèles ; se balançant latéralement (*rock*) et verticalement (roll) ; essuyant un tapis imaginaire ; un pas en avant puis en arrière puis en avant en cycle perpétuel (danse de l'ours) ; alternant sans cesse l'équilibre d'une jambe à l'autre (effet métronome)…

Il est possible de maîtriser consciemment ces manifestations de nervosité. Identifiez-les et attaquez-les une par une. Trouvez un moyen (le vôtre) de les prévenir. Par exemple : ne pas tenir d'accessoires, ne pas porter de bijoux, etc. Cet ouvrage offre divers conseils. *In fine*, plus vous pratiquerez, plus vous vous sentirez à l'aise et plus ces 'bruits' de communication (c'est leur nom générique) s'estomperont et finiront par disparaître.

2. *Comment réprimer son manque d'assurance ?*

En canalisant l'afflux d'énergie pour le mettre au service d'une prestation positive et enthousiaste qui capte l'attention et prédispose à l'écoute. Concentrez-vous sur trois aspects de votre prestation pour augmenter votre assurance : préparation, introduction, répétition. Puis, avec le temps, votre expérience du parler en public venant, vous renforcerez et capitaliserez cette assurance en soi.

- ✓ *Préparez-vous bien.* Le temps de préparation est à votre discours ce que la partie immergée de l'iceberg est à l'iceberg. Revoyez toute la section 'Préparation stratégique', en particulier les chapitres 'Recherches et justification des déclarations' et 'Architecture de la présentation'[66]. Certain(e) d'avoir relevé les idées bien claires dans votre esprit et utiles au public, votre désir de les lui communiquer estompera votre angoisse de lui faire face.
- ✓ *Soignez particulièrement votre introduction.* S'il ne faut jamais apprendre son texte par cœur, l'introduction constitue une exception. Le trac atteignant son paroxysme lors des premières minutes, il s'avère très utile de connaître son exorde sur le bout des doigts pour passer ce cap hautement stressant. De plus, en vous concentrant sur la raison pour laquelle vous vous adressez à votre public, vous en oubliez votre trac, même si vous le ressentez toujours.
- ✓ *Entraînez-vous à répéter à voix haute et en marchant.* L'entraînement vous convainc de vos capacités à énoncer clairement vos pensées. Alors ne les lisez pas. Des mots sur un papier n'atténuent pas l'angoisse, mais la conviction d'avoir concocté un oral vraiment top, oui. Plus vous répétez, mieux votre esprit fixe les bons schémas mentaux à solliciter au bon moment. Placez-vous en situation : imaginez votre public et adoptez la posture souhaitée le jour J.

---

66 Voir en fin d'ouvrage comment obtenir l'O.S.C.A.R. du meilleur discours dans sa catégorie.

3. Comment optimiser son entrée en scène ?[67]

Tâchez de bien vous détendre 10 minutes avant en respirant lentement plusieurs fois de suite[68]. Prenez position et arrêtez-vous un instant avant de débuter pour regarder votre auditoire, repérer un visage amical et lui sourire. Dès votre introduction, ***pausez pour faire posé*** ; car le calme est contagieux. Puis lancez-vous ; il y a fort à parier que vous vous détendrez encore plus.

Le trac ne disparaît pas comme par enchantement. Malgré des années de pratique (*cf.* Sarah Bernhardt), beaucoup d'orateurs éprouvent toujours du trac juste avant de se présenter en public. Il suffit que les circonstances, le contexte, le cadre - ou que votre état physique ou émotionnel du moment - changent, pour vous retrouver dans la peau d'un débutant. Il vous faut l'accepter.

Toutefois, les pros ont appris à compenser. Même si vous vous sentez encore un peu nerveux, en vous efforçant réellement d'éliminer les manifestations visibles de votre trac, vous offrirez l'image d'un orateur assuré. Et c'est ce qu'ils verront. Souvenez-vous : montée d'adrénaline = énergie. Alors n'attendez pas le jour J pour acquérir de l'assurance. Parlez avec cœur au quotidien.

Paradoxalement, souscrire à une bonne assurance de soi sert surtout à bien rassurer les autres. En faire l'économie se paye comptant, donc pas content.

67 Voir chapitre 'Introduction appétissante'.

68 Voir chapitre 'Timbre de voix & Respiration'.

EN BREF

Se sentir assuré constitue le meilleur moyen de rassurer son public. Dès le départ, projetez cette image dans vos expressions corporelles et votre voix.

Le trac, la nervosité, la peur, l'angoisse ? Oui, c'est normal et plutôt sain, même. Car ni le calme, ni la sérénité, ni la dignité ni le sang-froid, ne peuvent se décréter.

Le tout consiste à savoir canaliser l'énergie que cette tension vous procure. Donc : proscrire la procrastination et prescrire la préparation, l'introduction et la répétition.

Identifiez et attaquez un par un vos symptômes de manque d'assurance (par la prévention ou la maîtrise). Et soignez votre entrée en scène.

POLITESSE ET RESPECT

La politesse et le respect caractérisent un discours bien huilé. Mais sans ces lubrifiants, la mécanique se grippe et les intervenants s'agrippent.

La manifestation de la politesse et du respect prouve que vous considérez les autres au moins autant que vous vous honorez vous-même (pléonasme d'accentuation).

QUOI

Globalement, la politesse et le respect décrivent la civilité, la déférence, les règles de courtoisie et les bons usages sociaux qui régissent votre façon de parler et d'agir.

POURQUOI

Le respect de la dignité de votre public crée une ambiance favorable à l'échange, notamment durant la partie Q/R ou débat, donc une meilleure disposition envers vos idées.

COMMENT

Bien que les convenances varient d'un endroit à l'autre, ignorer son semblable est tenu pour irrespectueux. Problème : les sentiments de prise en compte ou de dédain de son semblable varient selon les contextes et les cultures universitaires et d'entreprise. Au préalable, il vous faudra peut-être vous enquérir des bons usages à respecter dans l'univers du public au sein duquel vous évoluez.

1. ***Se présenter avec respect***

   Beaucoup d'orateurs ressentent le besoin de saluer l'audience en introduction quand bien même ils ont passé quelque temps préalable avec l'assistance avant leur oral. À vous d'apprécier la marque de salut à offrir : une salutation, un sourire, un hochement de tête ou juste une élévation des sourcils... Tâchez de vous adapter aux circonstances afin de ne pas passer pour un original ou un malotru.

2. ***S'exprimer avec respect***

   Souvenez-vous, votre corps parle. Souvent, pour compenser leur malaise, bien des étudiants adoptent inconsciemment une posture de bravade qui sous-entend un inadmissible mépris. Sans ne jamais rallier personne à sa cause, une attitude suffisante suffit... à vous faire dégager. Vous ne possédez "que" le pouvoir d'influencer votre public. De quel côté ? À vous de voir !

3. ***Gérer les tensions avec respect***

   Le chapitre suivant parle plus précisément du débat lorsqu'il devient houleux. Pour l'heure, ne confondez pas 'tension du débat' et 'débat tendu'. Un truc ? Privilégiez l'humble "*nous*" à l'arrogant "*vous*", surtout lors d'un appel à l'action. Notez par exemple le contraste entre "*Prenez-vous ce cas en considération ?*" et : "*Chacun de nous voudra se demander : 'Est-ce que je prends ce cas en considération ?*"

Montrez l'exemple en vous disciplinant !

Quelquefois, l'enthousiasme de certains les pousse à couper la parole par pur empressement à vouloir s'exprimer. Résistez à ce piège. Lors d'un débat, si quelqu'un vous interrompt systématiquement, le moment venu, il vous sera bien plus légitime de réclamer poliment de poursuivre votre ligne de pensée si vous l'avez préalablement laissé pleinement exprimer la sienne.

(Surtout) Si vous êtes (plus) jeune (que le public), assumez et réduisez le paradoxe lié à votre âge : l'exigence de recevoir des égards sans le souci d'exercer la déférence.

EN BREF

Nul ne peut maltraiter l'autre sans se maltraiter lui-même. La politesse et le respect traduisent l'empathie et facilitent le rapport interrelationnel, voire intergénérationnel, entre le public et vous.

Avant de parler, votre posture véhicule-t-elle la considération pour l'autorité et l'expérience ? Vous vous le devez en premier lieu : ils ont le pouvoir, pas vous.

Accordez au public le droit d'exprimer son point de vue, sans compter qu'il pourrait bien avoir raison. Être interrompu vous insupporte ? Alors n'interrompez pas.

Incluez-vous dans votre discours, surtout si vous interpelez. Privilégiez l'humble "*nous*" au plus arrogant "*vous*" ; vous éviterez d'apparaître comme un donneur de leçons.

TACT ET FERMETÉ

> **Si le tact se vendait en magasin, seuls ceux qui en possèdent déjà viendraient en (r)acheter. C'est dire si peu de gens imaginent même son existence.**

Et vous, en possédez-vous ? Cultiver la juste appréciation de ce qu'il faut dire, mais aussi quand et comment le dire, relève du numéro d'équilibriste.

QUOI

Le tact décrit la délicatesse dans les rapports avec autrui, la capacité de s'adapter à l'autre dans ses paroles et de ménager sa susceptibilité sans le froisser inutilement.

POURQUOI

Contrairement à la franchise "brut de décoffrage", le tact fait confiance à l'intelligence de celui qui en est l'objet. Bonus : un moyen habile de cirer discrètement les pompes.

COMMENT

Or, et ça tombe bien, le public est intelligent (axiome). Convenons toutefois du vrai paradoxe consistant à devoir ménager des gens intelligents (tiens, ça ferait un bon sujet de thèse en psychosociologie ☺). Ici, nous n'abordons plus la politesse et le respect ; des prérequis (chapitre précédent). Nous souhaitons plutôt nous projeter au-delà de la bienséance pour dégager les situations nécessitant le recours au tact.

1. ***Acceptation : faites allégeance sans vous coucher***

En principe, le tact joue surtout durant la partie Q/R suivant votre discours car personne n'est censé vous couper durant celui-ci. Souvenez-vous de votre propre sujétion. En tant que vassal, vous approchez vos suzerains pour vous faire adouber, pas débouter. Vous n'avez pas la main, alors ne cherchez pas à la prendre en tentant à tort de dominer la conversation. Perdu d'avance.

Ambiance "les soirées de Monsieur l'ambassadeur"

Jadis, les ambassadeurs étaient dépêchés pour trouver un terrain d'entente quand l'atmosphère se délitait[69]. De même, le tact se déploie en prévention.

Le patient (oui, le tact peut faire souffrir) doit garder son calme en toutes circonstances face à l'impatient (qui, lui, ne souffre aucune contrariété).

Alors, pour autant que cela dépende de vous, cherchez les moyens d'entretenir un rapport aimable et amiable avec le public. C'est votre seul moyen de prendre l'ascendant.

Pour autant, il ne s'agit pas de 'vous coucher' devant toute objection, mais de prendre acte de l'opinion de l'autre en la valorisant. Le "*we agree to disagree*" des Anglo-Saxons. D'où le tact, qui inclut le choix du bon moment (le *timing*) pour dire les choses… et qui s'exprime mieux en l'absence de suffisance. Ne vous surestimez pas trop. Ravaler son orgueil ne fait que renforcer sa dignité.

69 Inversement, de nos jours ils auraient plutôt tendance à être retournés à l'envoyeur dès qu'une situation s'envenime.

2. ***Action : écoutez activement pour apprendre comment répondre***

Cultivez plutôt l'art de la conversation amicale mais pas mièvre. Vous n'êtes pas forcément d'accord avec le point avancé par cette personne ? OK, mais avez-vous forcément besoin de le contester ? N'engagez que les batailles que vous pouvez remporter. Aborder le public bille en tête, c'est exposer sa faiblesse donc se trahir. Veillez à ne jamais apparaître sur la défensive. Pour cela…

… apprenez de vos interlocuteurs en les écoutant attentivement. Leurs propos dévoilent leur personnalité, vous offrant de précieux indices pour affiner vos déductions sur leur profil et leurs opinions afin d'ensuite échanger avec eux. En prime, vous donnez l'impression de vous maîtriser (c'est le cas) et sans mot aucun, ce sang-froid parle pour vous. (Voir chapitre 'Assurance')

Ces trois profils d'interlocuteurs ont un brin. Prenez-en acte avec tact !

1. Un brin **sadique** : ce petit pervers vous pousse dans vos retranchements, c'est le jeu, histoire de voir ce que vous avez "*dans les tripes*" ; bref pour vérifier si vous avez envisagé toutes les hypothèses ; et ainsi apprécier votre habileté à assumer et à justifier vos déclarations. En prenant acte de ses questions subtiles et en y répondant avec tact, vous séduisez et rassurez : il touche sa bille et vous aussi.

2. Un brin **colérique** : cet irrité de naissance ne voit que ce qui cloche, quel que soit votre art. Il assène ses critiques sur un ton péremptoire, d'autant plus qu'il se sait ici en position de force. Avouons qu'il sait appuyer là où ça fait mal. Considérez que vous vous partagez le boulot : à lui de traiter le fond dans ses remarques, à vous d'y mettre les formes dans les vôtres. Ayant ainsi validé son jugement, il vous étend son pardon, bon prince.

3. Un brin **rétif** : ce frustré de la vie exprime sa mauvaise foi. Étonnamment, ses collègues constituent vos meilleurs alliés. S'ils se taisent, c'est sans doute pour présenter un

front apparemment uni. Mais ne croyez pas que ce mauvais coucheur reçoit un blanc-seing de ses pairs. Alors, laissez-le s'enterrer tout seul. L'élégance de votre tact ne fera que contraster avec le déni de ce juge et ainsi gagner la sympathie de ses alter egos.

3. *Réaction : Intervenez face à une objection*

Maintenant qu'en personne avisée vous avez attentivement écouté vos interlocuteurs et prudemment surveillé vos paroles en réfléchissant au préalable à leur portée, prenez le public comme il est. À vous de vous adapter (même si vous trouvez cela injuste). Exprimez-vous avec ses mots. Vous limiterez les risques d'opposition. Souvenez-vous, vous devez flatter l'intelligence de vos juges.

Alors, ne vous emballez pas quand on vous oppose une objection. Restez calme. Considérez-la comme une superbe opportunité de mieux saisir la pensée de l'autre. Si vous le sentez bien, allez jusqu'à le remercier d'avoir apparemment soulevé un lièvre. Évidemment, votre expression doit rester empreinte de sincérité au risque de sembler hypocrite ou ironique.

Par exemple, imaginez qu'on vous coupe en plein développement pour lancer une remarque qui sent le reproche. Vous répondez (en substance) : "*Je suis heureux de savoir que vous suivez ma ligne de raisonnement ; j'allais justement y venir dans quelques instants*" Finissez votre pensée puis traitez la remarque. Le patient, c'est vous ; l'impatient, c'est l'autre[70].

4. *Proaction : faites preuve de fermeté face à une insulte*

Il peut arriver, heureusement très rarement, qu'un membre du public vous insulte. Or, personne n'a le droit de vous insulter. Attention, il doit vraiment s'agir d'une incivilité c'est-à-dire d'une

---

70 Voir Introduction à la CommunicAction de Bouancheaux Zuckermandl et C&C Balestra aux éditions la Charte dont l'index p : 414 reprend le détail de toutes les tactiques offensives et défensives de combat verbal abordées et disséminées dans l'ouvrage.

attaque *ad hominem* qui touche votre dignité humaine. Sachez donc la différencier d'un propos, argument ou ligne de pensée toujours perfectibles. Ainsi, refusez net les allusions ou remarques raciales, sexistes ou liées à vos capacités mentales, etc.

Reprenez votre agresseur sans user de ses armes. Exposez avec assertivité, émotions contrôlées, la discrimination dont vous faites l'objet en prenant le public à témoin : "*je vous ai entendu dire ceci à mon encontre (...). Et le public aussi. Personne n'a le droit d'insulter qui que ce soit*". Selon les cas, ajouter : "*Je vous prie de retirer tout de suite ces mots / de me présenter des excuses, sinon je me verrai contraint d'en référer à qui de droit.*"

Le tact se plante toujours : il se sème et se cultive, il croît et porte des fruits ; de sorte que le tact ne se plante jamais : vous en moissonnez toujours les bienfaits !

EN BREF

Personne ne possède de tact à la naissance. Il s'apprend. Bien des adultes en ignorent encore l'existence ou croient qu'il est l'apanage de cultures exotiques (toltèques ?).

Le tact arrondit les angles en se fiant à l'intelligence du destinataire. Axiome : le public EST intelligent. Pour vous faire adouber, prenez acte de l'opinion (adverse) en la valorisant.

De fait, le tact exprime une force, celle de s'extérioriser dans le cadre des valeurs des parties en présence. Donc, vous vous le devez au minimum à vous-même. Le tact vous grandit.

Par conséquent, il ne s'agit pas de s'écraser. Sachez plutôt agir ou réagir avec tact, prendre ou reprendre avec tact, acquiescer ou objecter avec tact, accepter ou refuser avec tact.

MINUTAGE ET ÉQUILIBRE DU DISCOURS

Finir sa présentation ou en finir avec elle ? Ne pas saisir la nuance peut coûter cher. Sachez dégager vos points forts quel que soit le temps imparti.

En France et généralement en francophonie, commencer en retard soulève peu d'indignation du moment que l'on termine à l'heure. Oui, mais…

QUOI

Savoir présenter un exposé bien ficelé dans un *timing* parfois réajusté, en sachant accorder à chaque partie une durée proportionnelle à la pertinence de sa teneur.

POURQUOI

L'intelligence du public est flattée par un orateur flexible, capable de répondre sur le champ à l'injonction de synthétiser le discours sans en omettre les points saillants.

COMMENT

Savoir écrémer ou enrichir ses propos dans le temps donné, en maintenant la cohérence, l'équilibre et la plénitude du tout - et sans jamais paraître laborieux - relève encore plus de l'art que de la prouesse.

De plus, cette souplesse d'adaptation aux circonstances témoigne du respect porté à autrui, notamment aux intervenants qui vous succèdent. Bien entendu, tout cela se prépare en amont[71].

1. *Comment proportionner et articuler ma chaîne de pensées ?*

On s'en doute : la longueur de l'introduction ne doit pas retarder l'entrée dans le vif du sujet. Le corps du sujet ne doit pas s'éterniser au point d'escamoter la conclusion qui, elle, doit claquer. Un conseil ? Résistez à la frustration suscitée par l'incapacité de tout dire. Vrai, vous avez planché longtemps et vous foisonnez d'idées. Il n'empêche que vous n'avez que le temps imparti pour les exposer.

À la fin, vous saurez tout ce que votre public n'aura pas su de vous. Mais pas votre public ! Si votre propos se déroule sans faille quand bien même vous n'avez pas pu exposer "*ce fameux point*", la partie est sans doute gagnée. Commencez par relever et hiérarchiser tous vos points clés (dont seulement un en introduction et en conclusion) et accordez-leur un temps proportionnel à leur développement.

2. *Je fais combien quand je répète ?*

Puis minutez le tout. Vous dépassez le temps fixé ? Enlevez de la matière jusqu'à y redescendre. Vous n'atteignez pas le temps fixé ? Ajoutez de la matière jusqu'à y parvenir[72]. Répétez plusieurs fois votre exposé jusqu'à ce qu'il s'inscrive harmonieusement dans le temps requis. Votre débit tournera autour des 100 mots/minute pour éviter le piège le plus fréquent : celui de la précipitation.

À vrai dire, vous devriez répéter pour idéalement terminer 10 % au-dessous du temps théorique donné, soit 2 à 3 minutes plus tôt (18' au lieu de 20' ou 27' au lieu de 30'). Vous offrir ainsi une marge de manœuvre supplémentaire prévient d'éventuels

71 Revoir à cet effet toute la partie 'Préparation stratégique' et en particulier le chapitre 'Fiches rassurantes' qui intègre une version courte et longue par unité de pensée.

72 Notez bien ces points secondaires pivots ajoutés ou enlevés, cela vous sera utile pour anticiper une réaction typique redoutée de tous : "*dépêchez-vous !*" (voir encadré). De plus, vous saurez les servir dans la partie Q/R si le sujet s'y prête et surtout si ces points répondent alors à une interrogation légitime (auquel cas vous pouvez toujours indiquer l'avoir "*volontairement omis durant la présentation par souci de respect du temps alloué*").

imprévus chronophages (retard pris sur l'horaire, installation de matériel, *bugs* divers...) et évite de vous mettre inutilement la pression le jour J.

3. *Comment me mettre en 'condition du direct' ?*

En apprenant de vos prestations en public - donc en émoi - durant vos années universitaires, vous devriez avoir intégré deux données propres au direct. Premièrement, à compréhension égale, plus il y a de monde, plus il vous faut synthétiser vos pensées et réduire votre débit. D'où la nécessité d'ôter 10 % de temps initial prévu quand on répète seul chez soi (point précédent).

Deuxièmement, devant un auditoire, êtes-vous plutôt du genre à débiter ou à broder ? Si 10 minutes de répétition chez soi donnent 5 minutes en public, vous êtes ascendant 'mitraillette'. Si par contre vous faites 15 minutes en public, vous donnez plutôt dans la 'dentelle'. Le sachant, palliez la situation avec les conseils prodigués dans ce chapitre en particulier ; et dans ce livre en général.

Et quand on vous dit : "*accélérez*" ou "*dépêchez-vous*" ?

Pliez-vous immédiatement à cette injonction *sans* toutefois y obéir. Comment cela ? Dit autrement, n'écoutez que la pensée signifiée (finir dans les temps) et non le signifiant (parler plus vite). N'augmentez *surtout pas* votre vitesse de débit. Vous insinueriez que vous ne maîtrisez plus rien. Le mot d'ordre ? Synthétisez !

En général, ceux qui peinent à respecter le minutage de leur discours ont négligé leur répétition, peut-être par excès de confiance. Or, tout réside dans le respect de ces trois points : bonne sélection des points majeurs et secondaires, bon minutage > autour des 100 mots/mn en -10 % du temps imparti ; et bonne connaissance de soi.

Sachez faire les choses dans le temps qu'on leur accorde.
Vous devez développer votre sujet en 20 minutes ?

Apprenez aussi à le développer en 15 minutes et en 30 minutes - mais plus encore en 15'. ☺

RAPPEL

Si l'appétit vient généralement en mangeant, il se perd systématiquement en mangeant. Sachez toujours conclure tandis que le public se trouve encore en appétit.

EN BREF

Savoir écrémer ou enrichir ses propos dans le temps imparti avec les mêmes impact, cohérence, équilibre et plénitude, relève de l'art oratoire absolu.

Y parvenir flatte l'intelligence du public qui en retour vous accorde son estime. Pour l'obtenir, résistez à la frustration suscitée par l'incapacité de tout dire.

Répétez chez vous en maintenant un débit conversationnel d'environ 100 mots/minute et concluez votre soutenance en rachetant 10 % du temps imparti.

Adaptez vos débit et pauses à la taille de l'auditoire en palliant les défauts de votre profil : si vous êtes 'mitraillette', vous ne donnez pas dans la 'dentelle'. Et vice versa.

CONCLUSION

En suivant l'ensemble des conseils rédactionnels et oratoires, vous voilà paré pour obtenir votre **O.S.C.A.R.** du meilleur discours dans votre catégorie (et accessoirement votre diplôme si vous êtes étudiant(e)).

Si désormais, **O**n **S**ait **C**ommuniquer **A**vec les **R**écepteurs, votre O.S.C.A.R. ne prendra pas la poussière sur la cheminée. Non, il siègera au chaud bien en vous, car vous aurez intégré les principes qui sous-tendent l'ensemble des consignes et conseils prodigués dans cet ouvrage :

Organisation : assurez-vous du développement cohérent de votre thème et de votre problématique. Triez et développez vos idées en une tension progressive.

Sélection : Identifiez vos points clés basés sur l'ensemble des informations que vous aurez préalablement récoltées et triées pour la rédaction et la soutenance de votre grand oral.

Créativité : Tout en respectant la bienséance, recourez à la couleur, au son, à des aides visuelles et mnémotechniques et ce, de la manière la plus inédite qui soit.

Association : créez des liens (in)directs entre votre connaissance du thème et les faits dont vous disposez pour ainsi offrir des projections et des propositions sensées.

Répétition : revoyez encore ce que vous avez déjà revu après une heure, une journée, une semaine. Vous renforcerez votre mémoire et votre aisance à l'oral.

Le vrai cacique sort du classique

POSTFACE

J'ai voyagé et demeuré au moins un temps dans plusieurs pays francophones répartis dans trois continents. Hormis la France, tous les pays francophones sont multilingues. Et ça change tout. Beaucoup d'expressions idiomatiques vous échappent quand bien même vous comprenez tous les mots de celles-ci. Un peu comme si vous entendiez toutes les notes d'un morceau de musique mais que l'air produit avec celles-ci vous échappait totalement. Dit autrement : posséder les ingrédients sans la recette.

Cela me rappelle une expression du Jura suisse que mon ami Pierre-André Gueissaz-Jaccard utilise à l'envi quand nous échangeons autour d'un café : "*Tu vois ce que j'entends ?*" Je ne me lasse pas de l'entendre, justement. La première fois qu'elle a tintée à mes oreilles, elle m'a semblé si saugrenue que je m'en suis amusé. Et dès que je l'ai confrontée à notre expression de France "*tu vois ce que je veux dire*", tout bien réfléchi, j'ai trouvé la mienne encore plus saugrenue.

Je me suis alors rappelé que notre pensée humaine est d'abord constituée d'images, de sons et de sens ; et d'un éventail d'émotions quasiment infini si l'on tient compte du champ de leur intensité. Et tout cela, bien avant de formuler notre pensée en mots. Si vous ne me croyez pas, demandez donc à un bébé de huit mois ! Il vous le confirmera... avec ses mots. Vous souriez ? Je suis sérieux. Ne croyez surtout pas qu'il babille. Il écoute ses parents depuis des mois et il répète tout ce qu'il entend, certes à sa manière.

Vous rappelez-vous ces étrangers berbères, barbares et autres baraguins ? Leur seul tort ? S'exprimer de façon 'étrange' aux oreilles de leurs hôtes. Et pour la peine, de subir les sobriquets susmentionnés. Les bébés qui gazouillent, gloussent et roucoulent (sic), se voient eux aussi affublés de noms (ou de verbes) d'oiseaux à l'aube de leur vie ; alors qu'ils communiquent ! Communication : mise en commun, échange de données informes (> information) jusqu'à ce qu'elles prennent forme (> formation) pour les parties en présence.

De même, français, togolais, canadiens, belges ou suisses, nous partageons nos données et avançons, parfois à tâtons, dans la compréhension mutuelle. Nous nous aiguisons et nous nous enrichissons toujours, pour peu que chacun cultive l'empathie et la bonne foi. Je n'ai jamais posé la question à Pierre-André mais à ma connaissance, mon ami suisse n'a pas effectué d'études de communication. Pourtant, à mes yeux, il bosse dans la Com puisqu'il désigne et fabrique de A à Z des boîtes à musique *swiss made* !

Et il s'y entend (d'où son expression) à faire communiquer ses boîtes comme personne ; à la vitesse v-verbale, v'-vocale et v"-visuelle :

1. v > des mélodies sur mesure, morceaux connus ou sur demande ;
2. v' > au son cristallin, grâce à un réglage fréquentiel éprouvé ;
3. v" > chacune avec sa danseuse unique dans son écrin design unique en marqueterie.

À vrai dire, le professionnalisme de Pierre-André me confirme que si tout le monde ne devient pas forcément ***communicant***, tous nous naissons ***communiquant*** ; de sorte que si nous nous préoccupons de l'autre avec authenticité, si nous sommes empathiques pratiquants, tout principe de bonne communication devient principe de bon sens, donc de bonne entente. Voilà qui nous éloigne des joutes oratoires et autres *battles* télévisées de benêts belliqueux qui planchent encore sur la signification du mot dé-battre.

Si, à maintes reprises en lisant ce texte, vous vous êtes pris à penser que les idées exposées vous semblaient familières ou évidentes, c'est qu'à l'évidence (redondance volontaire) les appliquer ne pourra que vous transcender dans la pratique de la prise de parole en public. Dès lors, vous ne voudrez pas (ou plus) vous écouter (et regarder) parler ; vous ne voudrez pas (ou plus) vaincre l'autre ; mais bien plutôt, vous désirerez le toucher, le gagner à vous et vous faire gagner par lui.

ANNEXES

BLA BLA BLA BLA
ZzzZZ
CE QUI VOUS INTÉRESSE
ZONE D'ÉCHANGE
CE QUI L' INTÉRESSE

BONUS 1 : EXEMPLE DE TEXTE COMPOSÉ, LISSÉ ET MIS EN FICHE

Imaginez que vous disposiez de 30 secondes pour exprimer la pensée suivante.

TEXTE ÉCRIT SPONTANÉMENT

Les français ne sont pas réputés pour parler plusieurs langues. Je le sais, je suis français. Vous-mêmes, combien en parlez-vous ? Trois, deux, une seule ? Eh bien vous savez quoi ? Vous tous parlez au moins trois langues. Non, je ne parle pas ici d'anglais, d'espagnol ou d'allemand. De quoi alors ? Des trois langues de la communication : le Verbal (ici, c'est le français) ; le Vocal (le son de votre voix) et le langage corporel (dont les trois "patois" sont la posture, les expressions faciales et la gestuelle). Peut-être le saviez-vous déjà ou vous doutiez-vous de ma réponse. Toutefois, ce n'est pas parce que l'on comprend une langue que l'on sait forcément bien la parler.

TEXTE RETRAVAILLÉ, LISSÉ, CONDENSÉ, RAMASSÉ

Combien de langues parlez-vous? Au moins trois ; même si vous êtes français (je le suis) ! Non, il ne s'agit pas d'anglais ou d'espagnol. Il s'agit des trois langues de la Communication : Verbal, Vocal et Corporel. Vous le saviez déjà ? Bien. Mais si les connaître est une chose, savoir les parler en est une autre.

MOTS CLÉS MIS EN EXERGUE

Vous êtes **français** comme moi ? **Combien de langues** parlez-vous? Au moins **trois**. Non, il ne s'agit pas d'anglais ou d'Espagnol mais des trois langues de la Communication: **verbal**, **vocal**, et **corporel**. Vous le saviez déjà ? Bien. Mais si les **connaître** est une chose, **savoir les parler** en est une autre.

(Notez que j'ai choisi les mots clés selon ma sensibilité, donc ma subjectivité. Libre à vous d'en souligner d'autres).

FICHE

FRANÇAIS COMBIEN DE LANGUES ? TROIS : 1. VERBAL 2. VOCAL 3. CORPOREL LES CONNAITRE *VERSUS* LES PARLER
Français, Espagnol, Anglais… > langues verbales langage corporel = 3 patois > : posture, expressions faciales, gestuelle.

1/3 de fiche
> partie pour idées complémentaires si un débat, des Q/R ou une conférence s'ensuivent.

BONUS 2 : GRILLE DE PERFORMANCE ORALE (RÉCAPITULATIF)

V V' V"	Détail	Bonnes pratiques	X	Mauvaises pratiques	X
Vitesse V – Verbal positif	Acribologie				
	(Quantité)	Champ lexical varié		Subterfuges : machin, truc, bidule…	
	(Qualité)	Champ lexical étoffé		Mots trop vagues versus jargon trop poussé	
	(Pureté)	Champ lexical affiné		Tautologies, platitudes, tics, fourre-tout, idiomes, accords, syntaxe, emphase	
	Contexte/ Environnement	Vocabulaire f(public)		Recours à des mots jugés inadéquats	
	Articulation, Élocution	Texte bien possédé		Trop précieux, affecté	
	Diction, Prononciation	Texte bien possédé		Mots mâchés, escamotés	
	Répétition, Questions	Recyclage points vitaux		Sans queue ni tête ni début ni fin	
	Équilibre des parties	Structuré, transitions subtiles		Décousu ; annonce ou absence de conclusion	
	Débit, discours fluide	Fluide, s'écoule sans heurt		Trébuche, haché/saccadé, en rafales, trop rapide, en "escalier" (digressions), hésitations, euuuh	
	Attrait	Créativité, rhétorique		Manque de tact, de sel, de subtilité	
Vitesse V' – Vocal positif	Timbre ? Consulter !	Voix chaude		Voix aigrelette	
	Volume	F(lieu, thème, objectif)		Disproportionné (trop fort ou faible)	
	Tonalité (genre, stress)	Jouer avec grave et aigu		Monotone, emporté, tremblotant	
	Intensité (sentiments)	Jouer avec hauts et bas		ni chaleur ni enthousiasme (*Droopy*)	
	Respiration : ins/ex/ pirer	Inspirer = être inspiré		Précipitation, bruits de bouche	
	Pauses, Ponctuation	Faire sonner toutes les pauses + crise + toute ponctuation		Les rater : charismatique, rhétorique, transition, crise, anticipation & emphase	
	Silence/ tempo-rythme	Ils se jouent tous (allegro)		Le discours = une longue phrase	
	Modulation (variation)	Jouer avec le *dashboard*		Récité, psalmodié, lu, accent du journaliste	

Vitesse V" – Visuel positif	Aides visuelles soit + soit -	Double effet K.I.S.S.S. cool		Regards vers / lecture du / diaporama, fautes d'orthographe, effets soporifiques ou trop spéciaux, puces figées	
	Fiches	Cf méthodologie		Confetti versus A4, parchemin, R/V, etc.	
	Apparence, dress/ groom	Bon sens f(public)		Attire le regard sur le corps versus l'âme	
	Expressions faciales				
	(Visage)	Détendu, mobile, naturel		*Poker face* ou grimaçant (*the Mask*)	
	(Regard)	Contact visuel maximum		Essuie-glace, horizon, plafond, plancher, autruche	
	(Lèvres)	mobiles		*Fantomas*, pincées ou mordues	
	(Sourire)	Patte d'oie et sourcils levés		Haut du visage figé (front "botoxé")	
	Gestes				
	Descriptifs	Complexité, technicité du propos & fossé linguistique		En dehors de ces deux situations, tout geste descriptif sonne faux	
	Accentuation	Rythmer, convaincre		Martèlement, mimiques, répétitifs	
	Adaptateurs (parasite)	/	/	Self-adaptateurs (auto-contact) / Adaptateurs-objet (dérivation)	
	Posture	Maintien, bien aligné en statique et en cinétique		Avachi versus raide, métronome, danse de l'ours, se trémousse, se dandine, bras ballants, gêne…	
Degré de sympathie	Assertivité	Constructif, mesuré		Emporté par ses sentiments	
	Assurance	v, v', v" en action		Timoré, peu engagé > lit son texte	
	Conviction	Positif > "vaincre avec"		"pied dans la porte"	
	Naturel	Il se travaille pour être au meilleur de soi		Chassez le "mauvais" naturel ne suffit pas, il revient au galop.	
	Politesse / respect	Présentation, expression		Agressif, sur la défensive	
	Tact et fermeté (si…)	Prendre acte et valoriser		Perdre ses moyens	
	Timing	Dans le temps requis		Accélérer le débit pour finir à l'heure ; ne pas s'arrêter sur requête.	

BONUS 3 : OPTIMISER SON DISCOURS

En ces temps de Grand Oral où, quel que soit le secteur d'activité, on exige de vous un maximum de présentations vitales à concocter en un minimum de temps, vous apprécierez cet éprouvé canevas d'optimisation de *speech* maximisant vos chances de succès. Il tient en une phrase mnémotechnique de 3 blocs dont chacun des 7 mots constitue un maillon essentiel de ce plan. Avec de la pratique, vous saurez en tirer le meilleur parti, quelle que soit la durée de votre *pitch* : 30 secondes, 3 minutes, 30 minutes...

Prendre Fait et **Cause**, **Démontrer** et **Montrer**, **Dépeindre** et **Peindre.**

En préambule, rappelons que lors d'échanges formels, si l'on souhaite par-dessus tout gagner ses publics à soi, la quantité de sujets abordables demeure restreinte. Le simplissime diagramme ci-dessous l'illustre à merveille. Comme écrit plus haut dans ces pages : convaincre = "vaincre avec" ; visuellement : épaule contre épaule et non face à face. Jouons-la donc judo (en finesse) plutôt que sumo (en frontal).

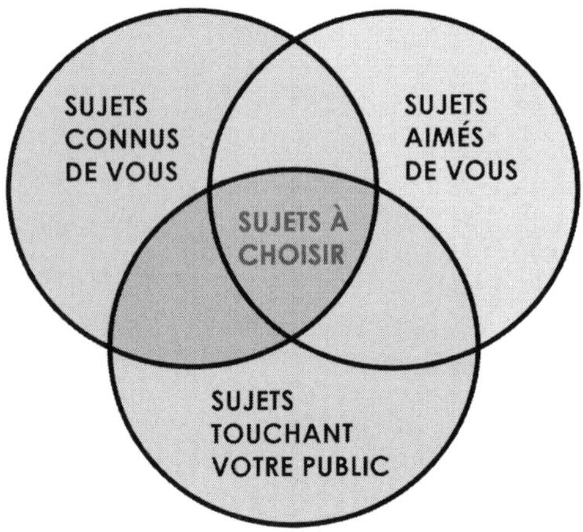

Comment la jouer "Judo" ? En suivant la formule : **Prendre Fait et Cause**. Si l'expression signifie "*lutter pour quelque chose, se ranger du côté de quelqu'un*", chacun de ses trois mots revêt un sens particulier :

- ✓ **Prendre** : et surtout surprendre > saisir son auditoire ;
- ✓ **Fait** : la vérité constatée, les actes (objectivité) ;
- ✓ **Cause** : une opinion à défendre, un combat à soutenir (subjectivité).

Votre cause, votre sujet, votre thème : voilà le cœur de votre préoccupation, la raison même pour laquelle vous prenez la parole ce jour. Toutefois, vous ne voudrez pas la livrer tout de go à votre audience dès l'introduction, car votre cause est subjective, donc clivante. Vous devez donc préalablement l'asseoir sur un socle : un fait indéniable que vous savez accepté ou admis de facto par le public.

En outre, votre pic de stress tout comme le pic d'attention du public convergent tous deux au début de votre prestation. Vous devez donc démarrer avec une phrase qui claque : une question, une citation, une touche d'humour, un chiffre qui interpelle, une déclaration énigmatique… Tout est possible dans les limites de la bienséance fixées (souvent implicitement) par le public du moment.

***Première étape : (sur)PRENDRE* > l'accroche** (*speech opener*, aussi appelé *ice-breaker*)

Comme le *bottle opener* pour l'ouvre-bouteille, le *speech opener* constitue l'ouvre-discours : l'accroche par laquelle vous hameçonnerez votre public par les oreilles. Notez que la recherche de cette saillie sera effectuée puis peaufinée une fois terminées les six autres étapes préparatoires de votre présentation. Bien en possession de tous les éléments de votre discours, votre créativité n'en sera que décuplée.

Voici trois accroches si célèbres qu'elles subsistent des décennies après la mort de leurs auteurs, auteurs que vous identifierez très certainement dès les premiers mots :

- ✓ *"Ich bin ein Berliner."*
- ✓ *"I have a dream."*
- ✓ *"Je vous ai compris."*

Vous l'aurez compris vous aussi, le *speech opener* capture l'attention du public avant même que l'exorde ne débute (comme le pop du bouchon de champagne fait se rapprocher les coupes - voir supra).

BLOC 1 - LE QUOI

Deuxième étape : FAIT > un constat indéniable

Maintenant que vous avez capturé l'attention du public, captivez-le. Pour cela, vous devez obtenir un "oui" mental de sa part. Quoi de mieux que de l'amener à franchir le seuil de votre discours par la porte "fait incontournable" ? Ce constat constitue donc votre axiome de départ, la fondation sur laquelle vous allez reposer votre cause et bâtir votre argumentation.

Car la vérité "EST" ; elle ne nécessite aucune croyance. Ainsi, la Terre est ronde, que l'on y croit ou non. Vous l'aurez deviné, ne choisissez pas cette vérité pour accroche devant un tapis de terreplatistes ! Certes, vous produirez votre petit effet mais sans doute pas celui escompté. Par conséquent, assurez-vous au préalable de bien partager tout constat factuel (pléonasme revendiqué) avec votre public.

Troisième étape : CAUSE > vous, votre opinion

A ce stade, vous vous positionnez personnellement. Vous orientez votre discours et vous l'assumez pleinement. Si votre fait s'ancre dans l'objectivité pure, votre cause s'encre[73] avec votre subjectivité pure. Et c'est très bien ainsi ! Après tout, on "*épouse une cause*". La cause, c'est donc quelqu'un (un sujet), vous en l'occurrence. Vous l'incarnez, à l'inverse du fait (vérité) toujours relié à quelque chose (un objet).

Ainsi assise sur une vérité (objective) admise du public, vous conférez à votre opinion (subjective) tout le crédit qu'elle mérite. Dans le cas d'un public partisan, la cause est entendue et le tour est joué. Mais

73 Dit autrement : elle "s'écrit avec l'encre" de votre subjectivité. Bref, votre cause véhicule votre subjectivité.

dans la majorité des cas, délivrer son opinion - sa croyance - ne suffira jamais à la faire accepter et encore moins à y adhérer. Vous devez donc prouver vos dires ; démontrer que vous êtes dans le vrai.

votre Cause est au Fait ce que votre Réalité est à la Vérité

BLOC 2 - LE POURQUOI

Quatrième étape : Démontrer > la preuve

Comme vous le savez, il est autrement plus difficile de démontrer un point (montrer que tous les exemples sont vrais) que de casser une démonstration (montrer un seul contre-exemple). Par exemple, vous ne prouverez jamais que 2+2=4 avec vos doigts ou des bonbons. Mais si a=b/2 et b=2a, alors 2+2=4 et vous venez du même coup de le prouver pour l'ensemble des entiers naturels (tous les chiffres). CQFD !

Vous le constatez, la démonstration se révèle toujours périlleuse. Premièrement parce que la preuve ne réside jamais dans l'image (sinon il suffit de "montrer" ; or ici on "dé-montre"). Deuxièmement parce que la démonstration réclame ET l'intelligence ET l'humilité du public pour l'accepter (demandez donc à Copernic ou Galilée). Pourtant, il vous appartient de prouver par la raison. Donc... donnez des raisons !

Cinquième étape : Montrer > l'illustration

Puisque la démonstration se situe hors de portée... de vue, vous aller aussi montrer car "*voir c'est croire*" (un apophtegme qui confesse implicitement un défaut de preuves)[74]. Une montre *montre* l'heure mais ne la *prouve* en rien. D'ailleurs, est-elle seulement "*à l'heure*" ?). Or

74 Cette citation se réfère au fameux épisode des évangiles où Saint Thomas exige de poser ses mains dans celles du Christ pour y constater de visu les cicatrices de sa crucifixion et par conséquent croire en sa résurrection. Convenons pour une fois que ce proverbe populaire : « *je suis comme Saint Thomas, je ne crois qu'à ce que je vois* » ne brille pas par sa sagesse ; car qui a vu Saint Thomas ?

- et c'est la bonne nouvelle - notre cerveau est programmé pour croire ce qu'il voit. Et faire croire son audience, c'est la motiver ; mécaniquement !

De fait, cette étape sert essentiellement à émouvoir votre public en lui montrant les effets de votre cause en action. Trouvez un exemple illustrant celle-ci en véhiculant un sentiment qui attire la sympathie (grec pathos) du public, moteur de sa prise de position. Une pointe d'humanité l'aidera à se reconnaître en vous par effet miroir. Souvenez-vous : adhérer à l'émotion, c'est adhérer au message qui la déclenche.

Démontrer est à Montrer ce que Prouver est à Illustrer

BLOC 3 - LE COMMENT

Sixième étape : Dépeindre > l'engagement

Maintenant que votre public sait et croit, il doit agir ; notre sixième étape. Qu'attendez-vous de lui ? Ne le laissez jamais livré à lui-même, à s'interroger sur sa contribution au projet que vous lui vendez. Vous allez lui exposer vos moyens pour qu'il s'engage dûment dans le combat. Nommez, hiérarchisez, décrivez et détaillez les étapes de votre plan d'action : objectif, stratégie, tactiques et techniques à implémenter.

Ainsi donc, après le "pourquoi" du Bloc 2, vous vous inscrivez de plain-pied dans le "comment" du bloc 3. Vous engagez mentalement votre audience en mobilisant toute sa potentialité (sa force) et en le rassurant que vous vous porterez à ses côtés pour atteindre ensemble ce but partagé. Vous avez dépeint - ***écrit et présenté*** - votre plan d'action ? Pour finir, vous allez le peindre - ***décrire et représenter*** - au futur proche.

Septième étape : Peindre > la projection

Dépeindre est à peindre ce que prévision est à vision. ***Après avoir raisonné, faites résonner***. Prenez à nouveau votre public par le cœur et projetez-vous avec lui dans un avenir proche pour visualiser ensemble les bienfaits de votre cause une fois implémentées toutes les mises en œuvre proposées. Anticipez la réalité future de manière vivante, en scénarisant les résultats tangibles de vos actions.

En reprenant ces étapes, vous constaterez que nous alternons constamment entre le cœur (l'émotionnel) et l'esprit (le rationnel). Résumons : vous surprenez (cœur), vous constatez (esprit), vous proposez (cœur), vous prouvez (esprit), vous illustrez (cœur), vous engagez (esprit) et enfin vous (vous) projetez (cœur). Vous aurez aussi remarqué qu'il convient de débuter et de conclure avec du sentiment.

Dépeindre est à Peindre ce que Prévision est à Vision

RÉCAPITULATIF

Prendre (cœur)	Surprendre (captiver)	Attraper - et tenir - son public par les *ouï**es > un proverbe, un chiffre, une citation, une question, etc. C'est le pouvoir de choquer, *ou shock value ;* pour séduire, non pour effrayer.		
BLOC 1 : QUOI **Fait** (esprit)	Constater (vérité)	Objective	Information => données	Irréfutable, avéré, accepté. Axiome.
Cause (cœur)	Proposer (réalité)	Subjective	Incarnation => vécu	La croyance s'incarne (vous) la cause s'épouse (votre public)
BLOC 2 : POURQUOI **Démontrer** (esprit)	Prouver (sans illustrer)	La raison (je le sais)	Conviction mentale (hémisphère gauche) justification	Raison ou preuve n°1…....(nommer)
				Raison ou preuve n°2…....(nommer)
				Raison ou preuve n°3…....(nommer)
Montrer (cœur)	Illustrer (sans prouver)	La motivation (je le sens)	Conviction sentimentale (hémisphère droit) visualisation	un cas parlant, un vécu ; si possible puisé auprès du public ou de l'émetteur, pour l'effet de proximité
BLOC 3 : COMMENT **Dépeindre** (esprit)	Engager (écrire et présenter)	Agir (prévision)	Révéler le plan d'action et poser des actes	Action n°1…………………....(nommer)
				Action n°2…………………....(nommer)
				Action n°3…………………....(nommer)
Peindre (cœur)	Projeter (décrire et représenter)	Se téléporter (vision)	Scénariser les résultats futurs des actes posés	Après avoir raisonné, faire résonner (vibrer) en anticipant les réalités à venir. Terminer fort !